OSTATNI WYKŁAD

Randy Pausch

oraz Jeffrey Zaslow

OSTATNI WYKŁAD

Przełożył Jan Kabat

nowaproza

Warszawa 2008

Tytuł oryginału:
The Last Lecture

Originally published in the United States as *The Last Lecture*.
This translated edition published by arrangement with Hyperion.

Redakcja:
Joanna Figlewska

Korekta:
Urszula Okrzeja

Wszystkie ilustracje pochodzą ze zbiorów autora, z wyjątkiem zdjęć na stronach
17 i 268, wykonanych przez Kristi A. Rines dla Hobb Studio, Chesapeake, Virginia

Projekt i ilustracja na obwolucie:
Phil Rose

Fotografia z tyłu obwoluty:
Laura O'Malley Duzyk

Opracowanie graficzne okładki i obwoluty:
Jarosław Musiał

Projekt typograficzny, skład i łamanie:
Tomek Laisar Fruń

ISBN 978-83-7534-052-5
Wydanie I

Wydawca:
Nowa Proza sp. z o.o.
ul. F. Znanieckiego 16a m. 9
03-980 Warszawa
tel (22) 251 03 71
www.nowaproza.eu

Wyłączny dystrybutor:
Firma Księgarska Jacek Olesiejuk Sp. z o.o.
ul. Poznańska 91, 05-850 Ożarów Maz.
tel. (22) 721-30-00
www.olesiejuk.pl

Druk i oprawa:
drukarnia@dd-w.pl

Z podziękowaniami dla moich rodziców,
którzy pozwolili mi marzyć,
i z nadzieją, że i moje dzieci
będą miały marzenia.

Spis treści

Wstęp

Trapi mnie pewien problem natury inżynieryjnej.

Choć na ogół cieszę się doskonałą formą fizyczną, mam dziesięć guzów na wątrobie i tylko kilka miesięcy życia przed sobą.

Jestem ojcem trojga małych dzieci i mężem kobiety moich marzeń. Mógłbym się co prawda użalać nad sobą, ale nie przyniosłoby to niczego dobrego ani mnie, ani im.

Jak mam więc spędzić ten jakże ograniczony czas, który mi jeszcze pozostał?

Odpowiedź jest oczywista – być ze swoją rodziną i troszczyć się o nią. Dopóki jeszcze mogę, spędzam z najbliższymi każdą chwilę i robię wszystko, by ścieżka, która wiedzie do życia pozbawionego mojej obecności, a którą będą musieli podążyć, była jak najłatwiejsza.

Mniej oczywiste jest to, jak nauczyć swoje dzieci tego wszystkiego, czego uczyłbym je w ciągu najbliższych dwudziestu lat. Są jeszcze za małe, by można było prowadzić z nimi takie rozmowy. Wszyscy rodzice chcą nauczyć swoje dzieci odróżniać dobro od zła, przekazać to, co uważają za istotne, i powiedzieć, jak radzić sobie z wyzwaniami, które niesie życie. Chcemy też, by poznały historie z naszej własnej przeszłości, często bowiem uważamy, że dzięki temu będą wiedziały, jak pokierować swoim życiem. Moje pragnienie, by to wszystko osiągnąć, to właśnie powód, dla którego zdecydowałem się wygłosić „ostatni wykład" w Carnegie Mellon University.

Wystąpienia tego rodzaju są z reguły nagrywane na taśmę wideo. Wiedziałem doskonale, co robię tamtego dnia. Pod pozorem wykładu akademickiego próbowałem włożyć samego siebie w butelkę, którą kiedyś morze wyrzuci na piasek dla moich dzieci. Gdybym był malarzem, stworzyłbym z myślą o nich jakiś obraz. Gdybym był muzykiem, skomponowałbym jakiś utwór. Ale jestem wykładowcą. Zatem wygłosiłem wykład.

Mówiłem o radości życia, o tym, jak bardzo je cenię, nawet jeśli pozostało mi go tak niewiele. Mówiłem o uczciwości, prawości, wdzięczności i innych rzeczach, które są drogie mojemu sercu. I starałem się ze wszystkich sił nie zanudzić słuchaczy.

Książka ta jest dla mnie szansą kontynuacji tego, co zacząłem na podium w sali wykładowej. Ponieważ czas ma dla mnie ogromną wartość i chcę go spędzić w miarę możności z dziećmi, poprosiłem o pomoc Jeffreya Zaslowa. Każdego dnia objeżdżam okolicę swojego domu na rowerze, co zapewnia mi wysiłek fizyczny, tak nieodzowny dla mojego zdrowia. W trakcie pięćdziesięciu trzech wypraw rowerowych rozmawiałem z Jeffem za pomocą zestawu głośnomówiącego, a on potem, przez niezliczone godziny, zamieniał moją opowieść – myślę, że mogę ją nazwać pięćdziesięcioma trzema „wykładami" – w niniejszą książkę.

Od samego początku wiedzieliśmy jedno: nic, co zostało tu napisane, nie zastąpi żywego rodzica. Ale inżynieria nie polega na doskonałych rozwiązaniach; sprowadza się do osiągnięcia najlepszych rezultatów za pomocą ograniczonych środków. Zarówno wykład, jak i ta książka, są próbą osiągnięcia tego kompromisu.

I

OSTATNI WYKŁAD

1

Ranny lew wciąż ryczy

Wielu profesorów wygłasza mowy zatytułowane „ostatni wykład". Może uczestniczyliście w czymś takim?

Stało się to powszechnym obyczajem na wyższych uczelniach. Prosi się wykładowców, by pomyśleli o swoim nieuniknionym zejściu i zastanowili się nad tym, co ma dla nich największą wartość. Podczas ich wystąpień słuchacze siłą rzeczy rozważają jedno pytanie: jaką mądrością chcielibyśmy się podzielić ze światem, gdybyśmy wiedzieli, że jest to nasza ostatnia szansa? Jaką spuściznę pragnęlibyśmy po sobie pozostawić, gdybyśmy mieli jutro zniknąć?

Przez wiele lat Carnegie Mellon kontynuowało „Serię ostatnich wykładów". Jednak zanim jej organizatorzy zwrócili się do mnie z propozycją wygłoszenia takiej mowy, przemianowali ten obyczaj na „Podróże", prosząc wybranych profesorów, by ci „podzielili się refleksjami na temat osobistych i zawodowych podróży". Nie był to szczególnie porywający opis, ale zgodziłem się. Wyznaczono mi termin we wrześniu.

W tym czasie wykryto już u mnie raka trzustki, ale nie traciłem optymizmu. Myślałem sobie, że może znajdę się wśród szczęśliwców, którym udaje się przeżyć.

Kiedy poddawałem się leczeniu, ludzie odpowiedzialni za cykl owych wykładów zasypywali mnie e-mailami: „O czym zamierzasz mówić?" – pytali. – „Prosimy o dostarczenie streszczenia". W świecie akademickim obowiązuje pewna formalność, której nie można zignorować, nawet jeśli człowiek ma akurat na głowie coś innego, jak chociażby to, by nie umrzeć. W połowie sierpnia powiadomiono mnie, że trzeba wydrukować plakat zapowiadający wykład i że muszę się zdecydować, na jaki temat zamierzam mówić.

Jednakże w tym samym tygodniu otrzymałem wiadomość: ostatnia terapia zawiodła. Pozostało mi kilka miesięcy życia.

Wiedziałem, że mogę odwołać wykład. Wszyscy by zrozumieli. Nagle okazało się, że mam do zrobienia tyle innych rzeczy. Musiałem poradzić sobie z własną rozpaczą i smutkiem tych, którzy mnie kochają. Musiałem czym prędzej zająć się porządkowaniem spraw rodzinnych. Mimo to, wbrew wszystkiemu, nie

Logan, Chloe, Jai, ja i Dylan.

mogłem się uwolnić od myśli o wygłoszeniu tej mowy. Dodawała mi sił świadomość, że wygłoszę ostatni wykład, który będzie naprawdę ostatnim. Co mógłbym powiedzieć? Jak zostałoby to przyjęte? Czy w ogóle dam radę przez to przejść?

„Pozwoliliby mi się z tego wycofać" – oświadczyłem Jai, swojej żonie. – „Ale naprawdę chcę to zrobić".

Jai stała zawsze po mojej stronie. Jeśli traktowałem coś z entuzjazmem, ona traktowała to tak samo. Ale cały ten pomysł ostatniego wykładu budził jej nieufność. Przeprowadziliśmy się właśnie z Pittsburgha do południowo-wschodniej Wirginii, tak aby po mojej śmierci Jai wraz z dziećmi mogła być bliżej swojej rodziny. Uważała, że powinienem spędzać cenny czas z naszymi dziećmi albo zajmować się nowym domem, zamiast poświęcać godziny na pisanie wykładu, a potem na podróż do Pittsburgha, by go wygłosić.

„Możesz zarzucić mi egoizm" – powiedziała. – „Ale chcę cię całego dla siebie. Czas, jaki spędzisz nad tym wykładem, będzie stracony, ponieważ spędzisz go z dala ode mnie i dzieci".

Pojmowałem jej punkt widzenia. Gdy zachorowałem, przyrzekłem sobie ustępować Jai i spełniać jej życzenia. Traktowałem to jak misję – zrobić wszystko, by uczynić znośnym ciężar, jakim stała się w jej życiu moja choroba. Dlatego każdą wolną chwilę poświęcałem na urządzanie swojej rodzinie przyszłości beze mnie. Mimo wszystko jednak nie potrafiłem się uwolnić od chęci wygłoszenia ostatniego wykładu.

W trakcie swojej kariery akademickiej wygłaszałem całkiem niezłe mowy. Ale jeśli ktoś jest uważany za najlepszego mówcę na wydziale informatyki, to tak, jakby powiedzieć o nim: na bezrybiu i rak ryba. I właśnie wtedy poczułem, że stać mnie na więcej, że jeśli dam z siebie wszystko, to będę mógł zaoferować ludziom coś wyjątkowego. „Mądrość" to mocne słowo, ale może odpowiednie w tym wypadku.

Jai wciąż nie była zachwycona pomysłem wykładu. W końcu przedstawiliśmy ten problem Michele Reiss, psychoterapeutce, z którą zaczęliśmy się spotykać kilka miesięcy wcześniej. Specjalizuje się w udzielaniu pomocy rodzinom, w których ktoś cierpi na nieuleczalną chorobę.

„Znam Randy'ego" – oznajmiła Jai podczas wizyty u dr Reiss. – „Jest pracoholikiem. Wiem, jak się będzie zachowywał, kiedy zacznie pracować nad wykładem. To go pochłonie bez reszty".

Przekonywała, że wykład oderwie nas od wielu ważnych spraw, z którymi musieliśmy się obecnie borykać.

Nie tylko to martwiło Jai; gdybym miał wygłosić mowę w wyznaczonym terminie, musiałbym polecieć do Pittsburgha dzień wcześniej, akurat wtedy, gdy przypadały jej czterdzieste pierwsze urodziny.

„To moje ostatnie urodziny, które będziemy obchodzić razem" – powiedziała mi. – „Chcesz mnie pozostawić w takim dniu?".

Oczywiście, myśl o tym była dla mnie niezwykle bolesna. Mimo to nie mogłem wyrzec się idei wykładu. Zacząłem dostrzegać w nim ostatni moment swojej kariery zawodowej, szansę pożegnania „rodziny akademickiej". Zacząłem się również oddawać fantazjom, w których mój wykład był czymś w rodzaju oratorskiego meczu, gdzie starzejący się baseballista po raz ostatni posyła piłkę na niebotyczną wysokość. Zawsze lubiłem finałową scenę z filmu „Urodzony sportowiec", w której zalany krwią zawodnik Roy Hobbs w sposób graniczący z cudem zdobywa się na uderzenie, które pozwala zawodnikowi obiec wszystkie bazy.

Dr Reiss wysłuchała naszych argumentów, moich i Jai. Jak wyznała, w mojej żonie dostrzegła silną, kochającą kobietę, która pragnęła przez kolejne dziesiątki lat wieść życie z mężem i wychowywać dzieci do pełnoletności. Teraz nasze życie musiało się zmieścić w kilku miesiącach. We mnie dr Reiss dostrzegła mężczyznę, który nie jest jeszcze gotowy ograniczyć się całkowicie do życia domowego i z pewnością nie ma zamiaru kłaść się na łożu śmierci.

„Ten wykład będzie ostatnią okazją, by ludzie, których znam, zobaczyli mnie na żywo" – wyjaśniłem jej bez ogródek. – „To szansa, bym mógł naprawdę przemyśleć wszystko, co ma dla mnie największe znaczenie, skupić się na tym, jak ludzie mnie zapamiętają, i zrobić przed odejściem to, co uważam za słuszne".

Już wcześniej, nie jeden raz, dr Reiss obserwowała mnie i Jai, jak siedzieliśmy na kanapie w jej gabinecie, trzymając się mocno za ręce, obydwoje zalani łzami. Powiedziała, że dostrzega w nas wzajemny szacunek, i była często wzruszona naszym pragnieniem, by czas, jaki nam jeszcze pozostał, spędzić razem jak najlepiej. Zastrzegła jednak, że nie może decydować, czy mam wygłosić wykład, czy też nie. To nie była jej rola.

„Musicie się z tym uporać sami" – powiedziała i zachęciła nas, byśmy wysłuchali się nawzajem i postanowili coś, co będzie z korzyścią dla nas obojga.

Biorąc pod uwagę powściągliwość Jai, wiedziałem, że muszę szczerze rozważyć swoje motywacje. Dlaczego ten wykład był dla mnie taki ważny? Czy chciałem w ten sposób przypomnieć samemu sobie i wszystkim innym, że wciąż żyję? Udowodnić, że mam w sobie dość hartu ducha, by występować publicznie? Czy była to chęć popisania się po raz ostatni, typowa dla człowieka, który uwielbia blask reflektorów? Odpowiedź w każdym przypadku brzmiała: tak.

„Ranny lew chce się przekonać, czy potrafi jeszcze ryczeć" – powiedziałem Jai. – „Tu chodzi o godność i szacunek do samego siebie, a to nie jest to samo co próżność".

Ważne było coś jeszcze. Zacząłem postrzegać wykład jako wehikuł, dzięki któremu dotrę do przyszłości zamkniętej dla mnie na zawsze.

Przypomniałem Jai, ile lat mają nasze dzieci: pięć, dwa i rok.

„Posłuchaj" – zwróciłem się do żony – „Dylan zachowa pewnie kilka wspomnień o mnie. Ale ile tak naprawdę zdoła zapamiętać? Ile oboje pamiętamy z czasów, kiedy byliśmy w jego wieku?

Czy Dylan będzie pamiętał, jak się z nim bawiłem albo z czego się razem śmialiśmy? W najlepszym razie będzie to wszystko zamglone. A Logan i Chloe? Możliwe, że w ogóle nie będą mieli wspomnień. Nic. Zwłaszcza Chloe. I powiem ci więcej: kiedy dzieci będą starsze, czeka je ten bolesny okres, kiedy człowiek za wszelką cenę pragnie wiedzieć, kim był jego ojciec. Jaki był? Być może dzięki mojemu wykładowi znajdą odpowiedzi na te pytania".

Powiedziałem Jai, że zrobię wszystko, by uczelnia nagrała moje wystąpienie.

„Kupię ci DVD. Kiedy dzieci będą starsze, pokażesz im to nagranie. Pomoże im zrozumieć, kim byłem i co myślałem".

Jai wysłuchała mnie, a potem zadała nieuniknione pytanie: „Jeśli chcesz im coś powiedzieć albo przekazać jakąś radę, to dlaczego nie włączysz po prostu kamery na statywie i nie nagrasz tego tutaj, w salonie?".

Może zapędziła mnie w kozi róg? A może nie. Tak jak naturalnym środowiskiem lwa jest dżungla, tak moim wciąż była sala wykładowa i audytorium studentów.

„Nauczyłem się jednego" – odparłem. – „Kiedy rodzice mówią coś dzieciom, to nie zawadzi, żeby miało to oparcie w faktach. Jeśli uda mi się zmusić słuchaczy, żeby się śmiali i klaskali w odpowiednim momencie, to być może to, co mówię dzieciom, zyska na znaczeniu".

Jai uśmiechnęła się do mnie, swojego umierającego showmana, i ostatecznie ustąpiła. Wiedziała, że będę starał się za wszelką cenę pozostawić dzieciom jakieś dziedzictwo. Okej. Być może wykład stanowił szansę, by tego dokonać.

Tak więc, uzyskawszy zgodę Jai, stwierdziłem, że czeka mnie poważne wyzwanie. Jak miałem zamienić ten akademicki wykład w coś, co mogłoby przemówić do moich dzieci za lat dziesięć czy w jeszcze odleglejszej przyszłości?

Wiedziałem na pewno, że nie chcę koncentrować się na swoim nowotworze. Moja medyczna odyseja wyglądała tak, a nie inaczej, a ja miałem ją już praktycznie za sobą. Nie interesowało mnie wygłoszenie mowy na temat własnej walki z chorobą czy refleksji, do jakich mnie skłoniła. Wielu ludzi mogłoby się spodziewać, że wygłoszę mowę o umieraniu. Ale ja wiedziałem, że musi dotyczyć życia.

***

Co sprawia, że jestem wyjątkowy?

To było pytanie, które czułem się zobowiązany rozważyć. Może w tym wypadku odpowiedź pomogłaby mi ustalić, co mam powiedzieć. Siedziałem z Jai w poczekalni szpitala, oczekując na kolejne wyniki badań patologicznych, i dzieliłem się z nią myślami.

„Rak nie czyni mnie wyjątkowym" – oznajmiłem. Co do tego nie było żadnych wątpliwości. Każdego roku u ponad 37000 Amerykanów stwierdza się raka trzustki.

Zastanawiałem się intensywnie, jak mam się określić: jako nauczyciel, informatyk, mąż, ojciec, syn, przyjaciel, brat, opiekun studentów? Wszystkie te role doceniałem. Ale czy którakolwiek z nich wyróżniała mnie z tłumu?

Choć zawsze odznaczałem się zdrowym poczuciem własnego ja, wiedziałem, że wykład wymaga czegoś więcej niż brawury. Zadałem sobie pytanie: co ja, osobiście, mam naprawdę do zaoferowania?

I właśnie wtedy, w poczekalni, zrozumiałem nagle, co to takiego. Pojawiło się w przebłysku myśli, niczym objawienie: bez względu na wszelkie osiągnięcia, to co kochałem miało swoje korzenie w dziecięcych marzeniach i pragnieniach... i w pewnym sensie udało mi się zrealizować większość nich. Moja wyjątkowość, jak sobie uświadomiłem, polega na realizacji owych marzeń – od niewiarygodnie konkretnych do zdecydowanie dziwacznych – które określiły na zawsze czterdzieści sześć lat mojego życia. I spełniłem swoje marzenia w znacznym stopniu dzięki temu, czego po drodze nauczyłem się od niezwykłych ludzi. Zrozumiałem, że jeśli opowiem swoją historię z pasją, jaką odczuwałem, to być może pomogę innym znaleźć drogę, która pozwoli im zrealizować własne marzenia.

Miałem ze sobą laptopa i podbudowany tym niespodziewanym objawieniem wysłałem czym prędzej e-maila do organizatorów wykładu. Poinformowałem ich, że wiem nareszcie, jaki będzie miał tytuł. „Przepraszam za zwłokę" – napisałem. – „Wygłoszę wykład »Prawdziwe spełnienie dziecięcych marzeń«".

2

*Moje życie
w laptopie*

Jak, mówiąc ściśle, skatalogować własne dziecięce marzenia? Jak skłonić ludzi, by ponownie się w nich odrodziły? Jako naukowiec rzadko borykałem się z takimi zagadnieniami.

Przez cztery dni siedziałem przy komputerze w naszym nowym domu w Wirginii, skanując slajdy i zdjęcia potrzebne do prezentacji. Zawsze myślałem obrazami, wiedziałem więc, że podczas wykładu nie ma mowy o tekście – o jakimkolwiek skrypcie. Zgromadziłem jednak około 300 wizerunków swojej rodziny, studentów i kolegów z uczelni, a także innych ilustracji, które mogły dopomóc w określeniu dziecięcych marzeń. Niektóre slajdy uzupełniałem krótkim komentarzem słownym – radą czy powiedzonkiem. Miały mi przypominać, gdy będę stał na podium sali wykładowej, co zamierzałem powiedzieć.

Pracując nad wykładem, wstawałem od biurka mniej więcej co półtorej godziny, żeby spędzić trochę czasu z dziećmi. Jai widziała, jak staram się angażować w życie rodzinne, ale wciąż uważała, że poświęcam zbyt dużo czasu swojej przyszłej mowie, zwłaszcza że tak niedawno wprowadziliśmy się do nowego domu. Chciała, oczywiście, żebym zajął się pudłami, które piętrzyły się dosłownie w każdym miejscu.

Początkowo Jai nie zamierzała uczestniczyć w wykładzie. Uważała, że musi pozostać z dziećmi w Wirginii i dopilnować niezliczonych spraw, które należało załatwić po naszej przeprowadzce. Ja zaś powtarzałem bezustannie: „Chcę, żebyś tam była". Prawda wyglądała tak, że rozpaczliwie potrzebowałem jej obecności. Ostatecznie zgodziła się przylecieć do Pittsburgha rankiem w dniu wykładu.

Ja jednak musiałem zjawić się tam dzień wcześniej, tak więc, o wpół do drugiej po południu 17 września, pocałowałem ją i dzieci na pożegnanie i pojechałem na lotnisko. Uczciliśmy poprzedniego dnia urodziny Jai małym przyjęciem w domu jej brata. Mimo wszystko mój wyjazd uświadomił jej boleśnie, że spędzi te urodziny beze mnie – a także wszystkie następne.

Wylądowałem w Pittsburghu, a tam na lotnisku oczekiwał mnie Steve Seabolt, który przyleciał z San Francisco. Poznaliśmy się wiele lat wcześniej, kiedy spędzałem urlop naukowy w Electronic Arts, firmie produkującej gry komputerowe, gdzie Steve jest jednym z kierowników. Staliśmy się sobie bliscy jak bracia. Uściskaliśmy się serdecznie, wynajęliśmy samochód i odjechaliśmy, popisując się wisielczym humorem. Steve powiedział, że był właśnie u dentysty, a ja przechwalałem się, że nie muszę już chodzić do stomatologa.

Zatrzymaliśmy się pod lokalną restauracją, żeby coś zjeść; położyłem na stole laptopa i szybko przejrzałem slajdy, zredukowane teraz do liczby 180.

„Wciąż za dużo" – powiedział mi Steve. – „Wszyscy umrą z nudów, nim dobrniesz do końca prezentacji".

Kelnerka, ciężarna kobieta po trzydziestce o jasnych włosach nieokreślonego koloru, podeszła do naszego stolika w chwili, gdy na ekranie ukazały się zdjęcia moich dzieci.

„Urocze dzieciaki" – zauważyła i spytała o ich imiona.

Powiedziałem jej:

„To jest Dylan, to Logan, a to Chloe...".

Kelnerka wyznała, że jej córka ma na imię Chloe, i oboje uśmiechnęliśmy się na ten zbieg okoliczności.

Steve i ja dalej przeglądaliśmy zawartość komputera; przyjaciel pomagał mi dokonać właściwej selekcji materiału.

Kiedy kobieta przyniosła nam jedzenie, pogratulowałem jej, że spodziewa się dziecka.

„Pewnie jest pani wniebowzięta" – oznajmiłem.

„Niezupełnie" – odparła. – „To była wpadka".

Kiedy odeszła od naszego stolika, nie mogłem oprzeć się wrażeniu, jakie zrobiła na mnie jej szczerość. Ta wypowiedziana mimochodem uwaga uświadomiła mi, ile przypadkowych elementów decyduje o naszym przyjściu na świat... i o naszym odejściu. Oto miałem przed sobą kobietę, spodziewającą się za sprawą przypadku dziecka, które z pewnością pokocha. Jeśli chodzi o mnie, za sprawą przypadku, jakim był rak, miałem opuścić trójkę dzieci, które będą dorastać bez mojej miłości.

Godzinę później, kiedy siedziałem sam w pokoju hotelowym, wciąż myślałem o swoich dzieciach, kontynuując pracę nad wykładem – przycinałem i porządkowałem zdjęcia, które chciałem wykorzystać podczas swojego wystąpienia. Internet bezprzewodowy nie działał najlepiej, co było denerwujące, ponieważ wciąż buszowałem po sieci, szukając odpowiednich ilustracji. Co gorsza, zacząłem odczuwać skutki chemioterapii, którą przeszedłem kilka dni wcześniej. Miałem skurcze, mdłości i biegunkę.

Pracowałem do północy, zasnąłem, a potem obudziłem się o 5.00 rano, ogarnięty nagłą paniką. Zacząłem żywić poważne wątpliwości, czy mój wykład w ogóle się uda. Pomyślałem sobie: tak to właśnie jest, kiedy próbuje się opowiedzieć całe życie w ciągu jednej godziny!

Bezustannie poprawiałem, zastanawiałem się, porządkowałem materiał. Około jedenastej poczułem, że coś mi zaczyna z tego wychodzić, że pojawia się jakiś narracyjny ład. Wziąłem prysznic, ubrałem się. W południe przyjechała z lotniska Jai i we trójkę ze Steve'em zjedliśmy lunch, prowadząc poważną rozmowę; Steve przyrzekł, że będzie się opiekował Jai i dziećmi.

O 13.30 nadano moje imię laboratorium komputerowemu, gdzie spędziłem większość swojego życia; patrzyłem, jak odsłaniają nad drzwiami tablicę z moim nazwiskiem. O 14.15 byłem w swoim gabinecie i znów czułem się fatalnie – wyczerpany i dręczony mdłościami po chemioterapii. Zastanawiałem się, czy będę musiał wyjść na scenę w pampersie dla dorosłych, który na wszelki wypadek wziąłem ze sobą.

Steve powiedział mi, żebym położył się na chwilę na kanapie; posłuchałem go, ale cały czas trzymałem na brzuchu laptopa, by móc dalej pracować. Odrzuciłem kolejne sześćdziesiąt slajdów.

O 15.30 zjawili się pierwsi słuchacze. O 16.00 zwlokłem się z kanapy i zacząłem zbierać swoje rekwizyty, by wyruszyć w wędrówkę przez kampus do sali wykładowej. Za niespełna godzinę miałem stanąć na podium.

3

*Słoń
w pokoju*

Jai już była w sali – niespodziewanie zapełnionej do ostatniego
z czterystu miejsc – i gdy wszedłem na podium, żeby stanąć za
pulpitem i się przygotować, zauważyła, jak bardzo jestem zdener-
wowany. Kiedy układałem rekwizyty, dostrzegła też, że nikomu
nie patrzę w oczy. Pomyślała, że nie jestem w stanie spojrzeć na
tłum; wiedziała, że obawiam się obecności któregoś z przyjaciół
czy znajomych studentów i że gdybym zobaczył kogoś takiego,
mógłbym ulec nadmiernemu wzruszeniu.

Kiedy się przygotowywałem, po sali przebiegał szmer. Ci,
którzy zjawili się po to, by sprawdzić, jak wygląda człowiek
umierający na raka trzustki, zadawali sobie z pewnością pytania:
czy to jego prawdziwe włosy? (Tak, zachowałem je w trakcie

chemioterapii). Czy zdołają się zorientować – kiedy będę przemawiał – jak bliski jestem śmierci? (Moja odpowiedź: no to patrzcie!).

Od rozpoczęcia wystąpienia dzieliło mnie zaledwie kilka minut, a ja wciąż coś przekładałem na podium; usuwałem niektóre slajdy, inne porządkowałem. Jeszcze nie skończyłem, gdy dostałem sygnał.

„Jesteśmy gotowi, czas zaczynać" – powiedział ktoś do mnie.

***

Nie miałem na sobie garnituru. Nie miałem krawata. Nie zamierzałem występować w profesjonalnej sztruksowej marynarce ze skórzanymi łatami na łokciach. Postanowiłem wygłosić wykład, ubrany w najbardziej zbliżony do marzeń dziecięcych strój, jaki tylko mogłem znaleźć w swojej garderobie.

Oczywiście, na pierwszy rzut oka wyglądałem jak facet, który podjeżdża pod okienko dla zmotoryzowanych w jakimś fast foodzie. W rzeczywistości jednak symbol widniejący na mojej koszulce polo z krótkim rękawem był oznaką szacunku, ponieważ taki właśnie noszą fachowcy zatrudnieni przez Walt Disney Imagineers – artyści, pisarze i inżynierowie, którzy tworzą fantazje, wcielane potem w życie w wesołych miasteczkach. W roku 1955 spędziłem półroczny urlop naukowy jako właśnie ktoś taki. Był to najwspanialszy okres mojego życia, spełnienie dziecięcego marzenia. Dlatego też przypiąłem sobie owalny znaczek z imieniem „Randy", który dostałem, gdy pracowałem dla Disneya. Chciałem w ten sposób uczcić nie tylko tamto doświadczenie życiowe, ale także samego Walta Disneya, który wypowiedział słynne słowa: „Jeśli potrafisz o tym marzyć, to potrafisz także tego dokonać".

Podziękowałem słuchaczom za przybycie, opowiedziałem kilka dowcipów i wreszcie oznajmiłem:

„Jeśli ktoś zjawił się tu prosto z ulicy i nie jest zorientowany w sytuacji, powtórzę to, czego zawsze uczył mnie ojciec – kiedy w pokoju znajduje się słoń, to go przedstaw. Gdybyście spojrzeli na wynik mojego badania tomograficznego, to przekonalibyście się, że mam na wątrobie mniej więcej dziesięć guzów; lekarze powiedzieli, że pozostało mi od trzech do sześciu miesięcy względnie normalnego życia. Od tego czasu upłynął miesiąc, więc każdy może sobie policzyć".

Rzuciłem na ekran gigantyczne powiększenie zdjęcia z tomografu. Ten slajd był zatytułowany „Słoń w pokoju", a ja umieściłem na nim czerwone strzałki, które wskazywały z osobna każdy guz.

Nie śpieszyłem się z tym slajdem, tak by audytorium mogło zobaczyć dokładnie te strzałki i policzyć moje guzy.

„W porządku" – powiedziałem. – „Jest, jak jest. Nie da się tego zmienić. Można się tylko zastanowić, jak na to zareagować.

Nie zmienia się w trakcie rozgrywki kart, które się dostało do ręki".

W tym momencie czułem się absolutnie zdrowy i na siłach, byłem dawnym Randym, ożywionym bez wątpienia adrenaliną i dreszczem emocji, jaki wywoływał widok pełnej sali. Wiedziałem też, że wyglądam całkiem nieźle i że niektórzy z obecnych z trudem akceptują fakt mojej bliskiej śmierci. Dlatego poruszyłem ten temat:

„Jeśli nie wydaję się wam tak przygnębiony czy przybity jak powinienem, to przykro mi, że was rozczarowałem". Rozległ się śmiech, a ja wyjaśniłem: „Nie myślcie, że nie przyjmuję do wiadomości swojego stanu. Zapewniam, jestem świadomy tego, co się dzieje".

Potem mówiłem dalej:

„Ja i moja rodzina – trójka dzieci i żona – właśnie się przeprowadziliśmy. Kupiliśmy uroczy dom w Wirginii – dlatego że za kilka lat będzie to odpowiednie miejsce dla moich bliskich". Pokazałem. zdjęcie naszego nowego domu na przedmieściach. Nad zdjęciem widniał napis: „Jestem świadomy".

Moja argumentacja: Jai i ja zdecydowaliśmy się odejść stamtąd, gdzie były nasze korzenie; poprosiłem ją, żeby opuściła dom, który kochała, i przyjaciół, na których jej zależało. Dzieci musiały porzucić swoich towarzyszy zabaw. Upchnęliśmy nasze życie do walizek i rzuciliśmy się w tornado, które sami rozpętaliśmy, podczas gdy równie dobrze można było pozostać w Pittsburghu, jak w kokonie, by tam czekać na moją śmierć. Podjęliśmy tę decyzję, ponieważ zdawaliśmy sobie sprawę, że gdy mnie zabraknie, Jai z dziećmi powinna żyć w miejscu, gdzie będzie mogła liczyć na opiekę i miłość ze strony swojej rodziny.

Chciałem także, by słuchacze wiedzieli, że wyglądam dobrze i że czuję się okej; moje ciało zaczęło się już otrząsać ze skutków wycieńczającej chemioterapii i naświetlań, jakie zaaplikowali mi lekarze. Przechodziłem teraz znacznie łagodniejszą chemioterapię paliatywną.

„Odznaczam się w tej chwili fenomenalnym stanem zdrowia" – oświadczyłem. – „Choć trudno będzie wam w to uwierzyć, jestem w znakomitej formie. Prawdę powiedziawszy, w lepszej niż większość was".

Przesunąłem się bokiem na środek sceny. Jeszcze kilka godzin wcześniej nie byłem nawet pewien, czy znajdę w sobie siłę, by zrobić to, co zamierzam, ale teraz czułem się ośmielony i pełen wewnętrznej mocy. Osunąłem się na podłogę i zacząłem robić pompki.

Kiedy rozległ się śmiech i pełen zdumienia aplauz, miałem wrażenie, że słyszę zbiorowe westchnienie ulgi. To nie był jakiś umierający człowiek. To byłem ja. Mogłem zaczynać.

II

PRAWDZIWE SPEŁNIENIE DZIECIĘCYCH MARZEŃ

Moje dziecięce marzenia:

- Znaleźć się w miejscu, gdzie nie działa grawitacja
- Grać w NFL
- Napisać hasło do World Book Encyclopedia
- Zostać kapitanem Kirkiem
- Wygrywać pluszowe zwierzęta
- Pracować dla Disneya

Slajd z mojego wykładu...

4

Loteria rodzicielska

Wygrałem na loterii rodzicielskiej.

Urodziłem się ze zwycięskim kuponem w ręku, co stanowi główny powód, dzięki któremu mogłem spełnić swoje dziecięce marzenia.

Moja matka była twardą nauczycielką angielskiego, przedstawicielką starej szkoły, o nerwach ze stali. Wymagała wiele od swoich uczniów, narażając się na skargi tych spośród rodziców, którzy narzekali, że żywi zbyt wygórowane oczekiwania wobec dzieci. Jako jej syn wiedziałem to i owo o tych wygórowanych oczekiwaniach, co było dla mnie szczęśliwym zrządzeniem losu.

Mój tata był w latach drugiej wojny światowej sanitariuszem, który brał udział w bitwie o Ardeny. Po powrocie założył niedochodową grupę wsparcia, by pomagać dzieciom imigrantów w nauce angielskiego. Utrzymywał się z drobnego interesu, jakim była sprzedaż ubezpieczeń samochodowych w ubogiej śródmiejskiej części Baltimore. Jego klientami byli głównie niezamożni i biedni ludzie, którzy nie mieli odpowiedniej historii kredytowej albo wystarczających zasobów, on zaś starał się, by mogli w jakiś sposób zdobyć ubezpieczenie, a tym samym wyjść na prostą. Jest milion powodów, dla których uważam ojca za bohatera.

Dorastałem w dobrobycie klasy średniej, w mieście Columbia w stanie Maryland. W naszym domu pieniądze nigdy nie stanowiły problemu, głównie dlatego, że moi rodzice nie widzieli potrzeby nadmiernego ich wydawania. Byli oszczędni aż do przesady. Rzadko chodziliśmy do restauracji. Do kina może raz czy dwa w roku. „Oglądaj telewizję" – mówili mi rodzice. – „Jest za darmo. Albo jeszcze lepiej idź do biblioteki. Wypożycz sobie książkę".

Kiedy miałem dwa lata, a moja siostra cztery, mama zabrała nas do cyrku. Kiedy skończyłem dziewięć, chciałem iść jeszcze raz. „Nie musisz" – oznajmiła matka. – „Już tam byłeś".

To, co powiedziałem, brzmi dość drastycznie według dzisiejszych standardów, ale w rzeczywistości moje dzieciństwo było magiczne. Naprawdę uważam się za faceta, któremu niewiarygodnie poszczęściło się w życiu, ponieważ miał rodziców, którzy tak wiele rzeczy robili jak należy.

Nie kupowaliśmy dużo. Ale rozmyślaliśmy o wszystkim. Właśnie dlatego mój ojciec odznaczał się tą zaraźliwą ciekawością, która dotyczyła współczesnych wydarzeń, historii, naszego życia. Dorastając, uważałem tak naprawdę, że rodziny dzielą się na dwa rodzaje:

1) Te, które potrzebują słownika, by dokończyć obiad.
2) Te, które tego nie potrzebują.

Należeliśmy do kategorii pierwszej. Niemal każdy wieczór spędzaliśmy nad słownikiem, który stał na półce zaledwie sześć kroków od stołu. „Jeśli masz jakieś pytanie" – mówili rodzice – „to sam znajdź odpowiedź".

Nie zdarzało się w naszym domu, byśmy siedzieli jak nieudacznicy i zastanawiali się nad jakimś problemem. Wiedzieliśmy, co należy zrobić: zajrzeć do encyklopedii. Zajrzeć do słownika. Zajrzeć do własnego umysłu.

Mój tata był także wspaniałym gawędziarzem i zawsze twierdził, że należy opowiadać historie w jakimś konkretnym celu. Lubił humorystyczne anegdoty, które przeradzały się w opowieści z morałem. Był mistrzem takich opowieści, a ja chłonąłem jego technikę. Dlatego właśnie, gdy moja siostra Tammy oglądała wykład w Internecie, widziała, jak poruszają mi się usta, i słyszała mój głos, ale nie należał on do mnie. To był głos Taty.

Zdawała sobie doskonale sprawę, że nie ograniczam się jedynie do przekazania jakiejś niewielkiej cząstki jego mądrości. Nie będę temu zaprzeczał. Chwilami wręcz czułem, że reprezentuję na podium ojca.

Cytuję go ludziom niemal codziennie. Między innymi dlatego, że jeśli człowiek dzieli się swoją mądrością z innymi, to często jest ona odrzucana; jeśli człowiek dzieli się mądrością zaczerpniętą od osoby trzeciej, to wydaje się ona mniej arogancka i jest chętniej akceptowana. Oczywiście, w sytuacji gdy ma się w zanadrzu kogoś takiego jak mój tata, trudno się oprzeć. Trzeba przytaczać jego słowa przy każdej okazji.

Tata udzielał mi rad dotyczących postępowania w życiu. Powiadał na przykład: „Nigdy nie podejmuj decyzji, dopóki nie musisz". Przestrzegał mnie także, bym w sytuacji przewagi, czy to w pracy, czy w związkach z innymi ludźmi, zawsze grał fair. „Fakt, że siedzisz za kierownicą, nie oznacza, że możesz przejeżdżać ludzi", mówił.

Ostatnio zauważyłem, że przypisuję mu słowa, których nie wypowiedział. Bez względu na to, co chcę w ten sposób przekazać, mogło to pochodzić z jego ust. Wydawało się, że wie wszystko.

Matka też wiedziała bardzo dużo. Przez całe moje życie starała się kontrolować moją zarozumiałość i traktowała to jak misję. Jestem jej za to wdzięczny. Nawet teraz, kiedy ktoś pyta, jakim

byłem dzieckiem, odpowiada, że „żywym, ale niespecjalnie roz-
winiętym ponad swój wiek". Funkcjonujemy w epoce, gdy rodzice wychwalają każde dziecko i widzą w nim geniusza. A moja
matka uważała po prostu, że określenie „żywy" powinno wystar-
czyć za jakikolwiek komplement.

Kiedy przygotowywałem się do doktoratu, musiałem zaliczyć
okropnie trudny egzamin, co uważam teraz za drugą najgorszą
rzecz w swoim życiu; pierwszą jest chemioterapia. Gdy poskar-
żyłem się matce, jak trudny i okropny jest ten test, pochyliła się
nade mną, poklepała mnie po ramieniu i oznajmiła: „Wiemy,
jak się czujesz, kochanie. I pamiętaj, kiedy ojciec był w twoim
wieku, walczył z Niemcami".

Kiedy już zrobiłem doktorat, matka uwielbiała przedstawiać
mnie w ten sposób: „To mój syn. Jest doktorem, ale nie takim,
który pomaga ludziom".

Moi rodzice wiedzieli doskonale, na czym polega okazywanie
ludziom pomocy. Zawsze udawało im się wyszperać coś poza
utartym szlakiem i oddawali się temu całym sercem. Wspólnie
sponsorowali budowę akademika na pięćdziesiąt osób gdzieś
w prowincjonalnej Tajlandii, dzięki czemu jakaś grupa dziew-
cząt mogła pozostać w szkole i uniknąć prostytucji.

Matka zawsze odznaczała się głęboką dobroczynnością. Ojciec zaś był szczęśliwy, mogąc rozdawać wszystko i żyć skromnie,
a nie w domu na przedmieściach, jak tego pragnęliśmy. Uważam,

że w tym sensie ojciec był najbardziej „chrześcijańskim" człowiekiem, jakiego kiedykolwiek spotkałem. Był także wielkim wyznawcą społecznej równości. W przeciwieństwie do mamy nie akceptował bez oporów zinstytucjonalizowanej religii (byliśmy prezbiterianami). Był bardziej skupiony na najwyższych ideałach i traktował równość jako najważniejszy z celów. Żywił wielkie nadzieje odnośnie do społeczeństwa i choć często przeżywał zawód, pozostał niepoprawnym optymistą.

Kiedy osiągnął wiek osiemdziesięciu trzech lat, stwierdzono u niego białaczkę. Wiedząc, że pozostało mu niewiele życia, zarządził, by jego ciało zostało wykorzystane w celach naukowych, i przekazał pieniądze na kontynuację programu w Tajlandii przez co najmniej sześć lat.

Wielu ludzi, którzy słuchali mojego wykładu, było poruszonych zdjęciem, które pokazałem na ekranie projekcyjnym: ukazuje mnie w piżamie, wspartego na łokciu; nie ulega wątpliwości, że byłem dzieckiem, które uwielbiało oddawać się marzeniom.

Deska, która na fotografii przecina moje ciało, to część łóżka. Mój tata, bardzo zdolny stolarz, zrobił je dla mnie. Uśmiech na twarzy dziecka, drewniana listwa, spojrzenie: to zdjęcie przypomina mi, że wygrałem główny los na loterii rodzicielskiej.

Choć moje dzieci będą miały kochającą matkę, która – o czym doskonale wiem – poprowadzi je wspaniale przez życie, zostaną pozbawione ojca. Zaakceptowałem ten fakt, ale czuję ból.

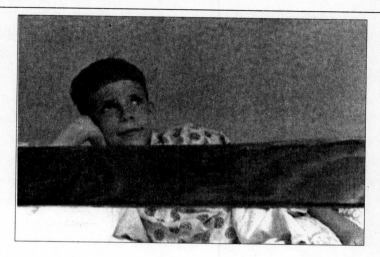

Chciałbym wierzyć, że mój tata pochwaliłby to, jak zachowuję się w ostatnich miesiącach swojego życia. Poradziłby mi zapewne, bym uporządkował wszystkie sprawy z myślą o Jai i spędzał jak najwięcej czasu z dziećmi – czyli to, co robię. Wiem, że dostrzegłby sens w naszej przeprowadzce do Wirginii.

Myślę też, że tata zechciałby mi przypomnieć, że dzieci – ponad wszystko – powinny wiedzieć, że są kochane przez swoich rodziców. A rodzice wcale nie muszą żyć, by tak się działo.

5

Winda
w domu wiejskim

Moja wyobraźnia zawsze była trudna do opanowania i w połowie szkoły średniej poczułem pragnienie przelania myśli, które kłębiły mi się w głowie, na ściany swojego pokoju dziecięcego. Poprosiłem rodziców o pozwolenie.

„Chcę malować różne rzeczy na ścianach" – oznajmiłem.

„Co na przykład?" – spytali.

„To, co jest dla mnie ważne" – odparłem. – „Rzeczy, które uważam za wspaniałe. Zobaczycie".

To wyjaśnienie wystarczyło mojemu ojcu. Na tym właśnie polegała jego wielkość. Zachęcał do kreatywności samym swoim uśmiechem. Lubił patrzeć, jak iskierka entuzjazmu rozbłyskuje fajerwerkami. I rozumiał mnie, a także moją potrzebę wyrażenia samego siebie w sposób niekonwencjonalny. Pomyślał więc, że moja przygoda z malowaniem ścian to wspaniały pomysł.

Matka nie była aż tak zachwycona tym przedsięwzięciem, ale ustąpiła szybko, kiedy dostrzegła, jak bardzo jestem podekscytowany. Wiedziała również, że tata wykorzystuje z pożytkiem takie rzeczy. Uznała więc, że nie ma sensu się spierać.

Przez dwa dni, z pomocą mojej siostry Tammy i mojego przyjaciela Jacka Sheriffa, malowałem na ścianach swojej sypialni. Ojciec siedział w salonie i czytał gazetę, czekając cierpliwie na wielką odsłonę. Matka krążyła po korytarzu, cała w nerwach. Bezustannie do nas zaglądała, próbując dostrzec cokolwiek, ale zabarykadowaliśmy się w pokoju. Jak mówią filmowcy, był to „plan zamknięty".

Co namalowaliśmy?

No cóż, pragnąłem mieć na ścianie równanie kwadratowe. W równaniu kwadratowym najwyższa potęga nieznanej wartości jest kwadratowa. Jako niepoprawny kujon uważałem, że warto uczcić coś takiego. Tuż obok wejścia umieściłem równanie:

$$\frac{-b \pm \sqrt{b^2 - 4ac}}{2a}$$

Razem z Jackiem namalowaliśmy także wielkie srebrne drzwi od windy. Na lewo zaznaczyliśmy przyciski „góra" i „dół", a wyżej panel z numerami pięter, od jednego do szóstego. Numer

trzy był podświetlony. Mieszkaliśmy w domu jednopoziomo-
wym, więc popuściłem wodze fantazji i wyobraziłem sobie sześć
pięter. Ale teraz, patrząc wstecz, zastanawiam się, dlaczego nie
było tam osiemdziesięciu czy dziewięćdziesięciu pięter. Jeśli byłem takim marzycielem, to dlaczego moja winda zatrzymała się
na trzecim? Nie wiem. Może wyrażało to równowagę między
aspiracją a pragmatyzmem.

Zważywszy na moje ograniczone umiejętności artystyczne,
pomyślałem, że najlepiej będzie kreślić wszystko na zasadzie
podstawowych kształtów geometrycznych. Namalowałem więc
prostą rakietę ze statecznikami. Namalowałem zwierciadło kró-
lewny Śnieżki z tekstem: „Pamiętasz, jak ci powiedziałem, że
jesteś najpiękniejsza? Kłamałem!".

Na suficie umieściłem z pomocą Jacka słowa: „Jestem uwięziony na strychu!". Napisaliśmy to od tyłu, żeby wyglądało, że ktoś jest tam przetrzymywany i że wydrapał w podłodze taki właśnie sygnał S.O.S.

Ponieważ uwielbiałem szachy, Tammy namalowała piony i figury (jako jedyna z nas odznaczała się talentem do rysunków). Kiedy nad tym pracowała, namalowałem łódź podwodną, skrywającą się w akwenie za łóżkiem piętrowym. Uwieczniłem też peryskop, który wynurzał się ponad narzutę i wypatrywał wrogich statków.

Zawsze podobała mi się historia z puszką Pandory, więc razem z Tammy namalowaliśmy swoją wersję mitu. Pandora, postać z mitologii greckiej, dostała puszkę, w której kryły się wszelkie nieszczęścia ludzkości. Nie posłuchała zakazu jej otwierania. Kiedy podniosła wieko, nieszczęścia wyleciały i rozprzestrzeniły się po całym świecie. Najbardziej pociągało mnie optymistyczne zakończenie tej historii: na dnie puszki pozostała „nadzieja". Więc na dnie swojej napisałem słowo „Hope" czyli „Nadzieja" po angielsku. Jack to zobaczył i nie mógł się powstrzymać przed dopisaniem wyżej imienia Bob. Kiedy odwiedzali mnie przyjaciele, zawsze zastanawiali się chwilę, skąd wzięło się tam to słowo. W końcu docierało to do nich.

Był koniec lat siedemdziesiątych, dlatego też napisałem nad drzwiami „Disco jest do kitu!". Matka uważała, że to wulgarne.

Pewnego dnia, kiedy akurat nie było mnie w pokoju, zamalowała po cichu słowa „do kitu". Była to jej jedyna ingerencja w moje dzieło.

Przyjaciele, którzy mnie odwiedzali, byli pod wrażeniem. „Nie mogę uwierzyć, że rodzice pozwolili ci na coś takiego", mówili.

Choć matka nie była w tamtym czasie zachwycona, nie przemalowała pokoju, nie zrobiła też tego później, kiedy się wyprowadziłem z domu, a od tamtej pory minęło wiele lat. Na dobrą sprawę mój pokój stał się z czasem główną atrakcją, nawet gdy ktoś zjawiał się z wizytą u rodziców. Mama zaczęła sobie uświadamiać jedno: ludzie uważali, że to wszystko jest absolutnie niesamowite. I uważali, że ona jest niesamowita, skoro mi na to pozwoliła.

Jeśli ktoś z obecnych jest rodzicem i jeśli wasze dzieci chcą malować po ścianach swoich pokoi, to wyświadczcie mi przysługę i pozwólcie im to robić. To będzie okej. Nie martwcie się o spadek wartości domu przy odsprzedaży.

Nie wiem, ile jeszcze razy przyjdzie mi odwiedzić swój dom dzieciństwa. Ale ilekroć tam jestem, traktuję to jako dar. Wciąż śpię w tym łóżku, które zrobił dla mnie ojciec, patrzę na te szalone ściany, myślę o rodzicach, którzy pozwolili mi na nich malować, i zasypiam z poczuciem szczęścia i zadowolenia.

6

Osiągnięcie
zerowej grawitacji

To ważne, by mieć konkretne, określone marzenia.

Kiedy chodziłem do szkoły podstawowej, wielu z moich kolegów chciało zostać astronautami. Zdawałem sobie sprawę, i to od najwcześniejszych lat, że NASA mnie nie zechce. Słyszałem, że astronauci nie mogą nosić okularów. Nie przejmowałem się tym zbytnio. Tak naprawdę nie interesowała mnie cała ta astronautyka. Chciałem tylko unosić się w stanie nieważkości.

Okazało się, że NASA dysponuje samolotem, który pomaga astronautom przyzwyczaić się do zerowej grawitacji. Wszyscy nazywają go „Kometą wymiotów", choć NASA określa maszynę jako „Pozbawiony ciężaru cud", typowe wyrażenie z zakresu public relations, obliczone na ukrycie właściwego znaczenia.

Bez względu na to, jak nazwiemy ten samolot, jest to naprawdę niezwykła maszyna. Wykonuje paraboliczne łuki, a na szczycie każdego z nich, co trwa około dwudziestu pięciu sekund, człowiek doświadcza czegoś zbliżonego z grubsza do stanu nieważkości. Kiedy samolot nurkuje, ma się wrażenie, że to pędzący w dół wagonik roller coastera, tyle że jest się zawieszonym w powietrzu i lata w kółko.

Moja marzenie stało się czymś realnym, kiedy się dowiedziałem, że NASA wdrożyło w życie program pozwalający studentom college'ów proponować eksperymenty z myślą o przeprowadzaniu ich na pokładzie samolotu. W 2001 nasz zespół z Carnegie Mellon zaproponował pewien projekt z wykorzystaniem rzeczywistości wirtualnej.

Nieważkość to doznanie, które trudno zgłębić, kiedy przez całe życie jest się mieszkańcem Ziemi. W warunkach zerowej grawitacji ucho wewnętrzne, kontrolujące utrzymanie równowagi, nie jest do końca zsynchronizowane z obrazem przekazywanym przez oczy. Rezultatem są często wymioty. Czy naziemne próby, prowadzone w wirtualnej rzeczywistości, mogłyby rozwiązać ten problem? Tak brzmiało nasze pytanie, dzięki któremu zwyciężyliśmy. Zaproszono nas do Johnson Space Center w Houston na przejażdżkę samolotem.

Byłem prawdopodobnie bardziej podekscytowany niż którykolwiek z moich studentów. Będę się unosił w powietrzu! Ale

Chciałem po prostu latać...

później nadeszła zła wiadomość. NASA dała jasno do zrozumienia, że pod żadnym pozorem wykładowcy nie mogą latać ze swoimi studentami.

Byłem załamany, ale nie zniechęcony. Wiedziałem, że znajdę jakiś sposób, by obejść ten niespodziewany mur, który wyrósł przede mną. Postanowiłem zapoznać się z całym programem i poszukać słabego punktu. I znalazłem go: NASA, zawsze spragniona odpowiedniej publicity, zezwalała brać udział w locie dziennikarzom zamieszkałym w mieście, w którym uczyli się studenci.

Zadzwoniłem do pewnego przedstawiciela NASA i poprosiłem go o numer faksu.

„Co zamierza pan nam przefaksować?" – spytał.

„Swoją rezygnację z funkcji wykładowcy i podanie o pracę w charakterze dziennikarza" – wyjaśniłem. – „Będę towarzyszył swoim studentom w nowej roli przedstawiciela mediów".

On zaś odparł:

„To trochę naciągane, nie uważa pan?".

„Pewnie" – zgodziłem się, ale przyrzekłem również, że informacje o naszym eksperymencie umieszczę w Internecie i prześlę film z naszych wirtualnych przedsięwzięć dziennikarzom zajmującym się astronautyką. Wiedziałem, że uda mi się to zrobić i że będzie to z pożytkiem dla wszystkich. Podał mi numer swojego faksu.

Tytułem dygresji: zawsze miej coś w zanadrzu, ponieważ dzięki temu przychylniej na ciebie spojrzą.

Moja przygoda ze stanem nieważkości była spektakularna (nie, nie wymiotowałem, chwała Bogu). Trochę się jednak poobijałem, gdyż pod koniec owych magicznych dwudziestu pięciu sekund, kiedy w samolocie znów zaczynają obowiązywać prawa grawitacji, człowiek staje się nagle jakby dwa razy cięższy niż w rzeczywistości. Można zdrowo walnąć o podłoże. Dlatego bezustannie nam powtarzano: „Stopami do dołu!". Lepiej nie wylądować na własnym karku.

Ale udało mi się wejść do tego samolotu, niemal po czterdziestu latach od chwili, gdy latanie w stanie nieważkości stało się jednym z moich celów życiowych. Dowodzi to, że jeśli znajdziesz furtkę, to prawdopodobnie znajdziesz też sposób, by przez nią przefrunąć.

7

Nigdy nie dostałem się do NFL

Kocham football. Nie tylko jako kibic. Zacząłem grać w wieku lat dziewięciu i football pomógł mi stać się tym, kim jestem dzisiaj. I choć nie dotarłem do NFL, myślę czasem, że w tym wypadku osiągnąłem więcej, podążając za tym marzeniem i nigdy go nie spełniając, niż dzięki innym marzeniom, które udało mi się zrealizować.

Mój romans z footballem zaczął się w chwili, gdy ojciec, wbrew mojej woli, zmusił mnie do grania w lidze młodzieżowej. Nie chciałem tego. Byłem od urodzenia mięczakowaty i wśród dzieciaków odznaczałem się najniższym wzrostem. Mój strach przerodził się w niekłamane przerażenie, kiedy zobaczyłem swojego trenera, Jima Grahama, faceta potężnego jak ściana, mierzącego sto dziewięćdziesiąt centymetrów wzrostu. Był zawodnikiem drugiej linii w drużynie Pensylwanii i naprawdę pochodził ze starej sportowej szkoły.

Podczas pierwszego treningu wszyscy byliśmy śmiertelnie przerażeni. Co więcej, trener nie przyniósł żadnych piłek. W końcu jeden chłopak postanowił przemówić w naszym imieniu.

„Przepraszam, trenerze, ale tu nie ma w ogóle piłek".

Trener Graham odparł:

„Nie potrzebujemy żadnych piłek".

Zapadło milczenie, podczas gdy my zastanawialiśmy się nad jego słowami...

„Ilu mężczyzn znajduje się jednocześnie na boisku?" – spytał nas.

Jedenastu w każdej drużynie. Razem dwudziestu dwóch.

„A ilu dotyka piłki w jakimkolwiek momencie?".

Jeden.

„Zgadza się!" – oświadczył. – „Będziemy więc pracować nad tym, co robi pozostałych dwudziestu jeden".

Podstawy. Na tym polegał dar, który otrzymaliśmy od trenera Grahama. Podstawy, podstawy, podstawy. Jako wykładowca wyższej uczelni widziałem, jak wielu młodych ludzi ignoruje tę lekcję, zawsze ze szkodą dla siebie: musisz opanować podstawy, bo w przeciwnym razie nie uda ci się nigdy to, co uważasz za bardziej skomplikowane.

***

Trener Graham dawał mi nieźle w kość. Zapamiętałem
w szczególności jeden trening.

„Robisz to nie tak jak trzeba, Pausch. Wracaj! Zacznij jeszcze
raz!".

Próbowałem zrobić to, czego żądał. Nie wystarczyło mu.

„Nie wykręcisz się tak łatwo, Pausch! Po treningu będziesz
robił pompki".

Kiedy w końcu dał mi spokój, podszedł do mnie jeden z asy-
stentów.

„Trener Graham dał ci wycisk, co?" – spytał.

Z trudem wymamrotałem: „Tak".

„To dobrze" – zapewnił mnie. – „Kiedy chrzanisz wszystko
i nikt ci już nic nie mówi, to znaczy to, że dali sobie z tobą
spokój".

Zapamiętałem tę lekcję na całe życie. Kiedy się przekonujesz,
że coś ci nie wychodzi i że nikt już nie zawraca sobie głowy, by
ci o tym powiedzieć, to jest naprawdę kiepsko. Być może nie
chcesz tego słyszeć, ale twoi krytycy to często ci, którzy mówią,
że cię wciąż kochają i że zależy im na tobie, i że pragną, by poszło
ci lepiej.

Dużo się ostatnio mówi o dawaniu dzieciom poczucia własnej
wartości. Nie jest to coś, co można komukolwiek dać; to coś, co

dzieci muszą same w sobie rozwinąć. Trener Graham nie przytulał nas do piersi. Poczucie własnej wartości? Wiedział, że jest tylko jeden sposób, w jaki można rozbudzić to w dzieciakach: kazać im zrobić coś, czego zrobić nie są w stanie; harują ciężko, aż przekonują się, że mogą to zrobić; i tak w kółko.

Kiedy trener Graham zaczął się mną zajmować, byłem mięczakowatym dzieciakiem bez jakichkolwiek umiejętności, bez siły fizycznej i kondycji. Ale dzięki niemu uświadomiłem sobie, że jeśli będę pracował dostatecznie ciężko, to zrobię w przyszłości pewne rzeczy, których nie mogę zrobić dzisiaj. Nawet teraz, kiedy skończyłem czterdzieści siedem lat, potrafię rzucić piłką tak, że nie powstydziłby się tego żaden zawodnik NFL.

Zdaję sobie sprawę, że w obecnych czasach facet taki jak trener Graham mógłby wylecieć z ligi młodzieżowej. Byłby zbyt twardy. Rodzice by się na niego skarżyli.

Pamiętam jeden mecz, kiedy graliśmy okropnie. W przerwie, śmiertelnie spragnieni, omal nie wywróciliśmy kubła z wodą. Trener Graham nie owijał w bawełnę: „Jezu! Po raz pierwszy od początku gry widzę, jak naprawdę się ruszacie, chłopaki!". Mieliśmy tylko po dziesięć lat i staliśmy bez ruchu, przerażeni, że będzie chwytał nas po kolei i miażdżył gołymi rękami.

„Woda?" – warknął. – „Chcecie wody, chłopaki?".

Podniósł wiadro i wylał całą jego zawartość na ziemię. Patrzyliśmy, jak odchodzi. Po drodze mruknął do asystenta:

„Możesz dać wodę obronie z pierwszego składu. Tamci grali w porządku".

Żeby nie było wątpliwości: trener Graham nigdy nie naraziłby na niebezpieczeństwo żadnego dzieciaka. Jedynym powodem, dla którego tak ciężko pracował nad naszą wytrzymałością i kondycją, była świadomość, że dzięki temu zmniejsza się ryzyko kontuzji. Dzień był zimny, wszyscy mogliśmy się napić w trakcie pierwszej połowy i nasz pęd do wiadra z wodą wynikał z faktu, że byliśmy bandą dzieciaków, a nie z prawdziwej potrzeby nawodnienia organizmu.

Mimo wszystko, gdyby zdarzyło się to dzisiaj, rodzice stojący za boczną linią boiska natychmiast wyciągnęliby telefony komórkowe, by zadzwonić do pełnomocnika ligi młodzieżowej albo nawet swoich adwokatów.

Napawa mnie smutkiem fakt, że dzieci w dzisiejszych czasach są takie rozpieszczone. Wracam myślą do tamtej chwili w przerwie meczu. Tak, chciało mi się pić. Ale ważniejsze było to, że czułem się poniżony. Wszyscy zawiedliśmy trenera Grahama, a on dał nam to do zrozumienia w sposób, którego nigdy nie zapomnieliśmy. Miał rację. Okazaliśmy więcej energii przy wiadrze z wodą niż podczas tego cholernego meczu. A to, że nas ochrzanił, coś dla nas znaczyło. Podczas drugiej połowy znów byliśmy na boisku i daliśmy z siebie wszystko.

Nie widziałem trenera Grahama od chwili, kiedy skończyłem dziesięć lat, ale od czasu do czasu jego postać pojawia się w moich myślach, co zmusza mnie do większego wysiłku, ilekroć mam ochotę coś przerwać, i każe mi być lepszym. Dał mi siłę do życia.

***

Kiedy posyłamy dzieci na zajęcia sportowe – football, piłkę nożną, pływanie, cokolwiek – większość nas wcale nie chce, by nauczyły się tajników danej dyscypliny.

Tak naprawdę pragniemy, by nauczyły się czegoś o wiele ważniejszego: pracy zespołowej, wytrwałości, sportowego zachowania, wartości, jakie daje ciężka praca, zdolności radzenia sobie z przeciwnościami. Ów rodzaj pośredniej nauki można określić jako „trik głową".

Są dwa rodzaje tego triku. Pierwszy to trik dosłowny. Gracz na boisku obraca głowę w którąś stronę, tak aby zmylić przeciwnika i pobiec w przeciwną stronę. Przypomina to działanie magika, który odwraca uwagę od swoich rzeczywistych zamiarów. Trener Graham radził nam obserwować nie głowę, ale brzuch przeciwnika. „Tam, gdzie zwrócony jest jego pępek, podąży jego ciało".

Drugi rodzaj tego triku jest o wiele ważniejszy – dzięki niemu ludzie uczą się pewnych rzeczy, o czym nie mają pojęcia, dopóki sobie po dłuższym czasie tego nie uświadomią. Jeśli jesteś specjalistą od tego triku, to twoim sekretnym celem jest nakłonić ludzi, by uczyli się tego, o co ci chodzi.

Tego rodzaju edukacja ma ogromne znaczenie. A trener Graham był w tym prawdziwym mistrzem.

8

Znajdziecie mnie pod „V"

Żyję w erze komputerów i bardzo mi się to podoba! Już dawno temu zaakceptowałem piksele, wieloekranową stację roboczą i infostradę. Naprawdę potrafię wyobrazić sobie świat całkowicie pozbawiony papieru.

Mimo to jednak dorastałem w zupełnie odmiennej rzeczywistości.

Kiedy się urodziłem, a był to rok 1960, źródłem wielkiej wiedzy był właśnie papier. W naszym domu, od lat sześćdziesiątych do siedemdziesiątych, moja rodzina otaczała niekłamaną czcią World Book Encyclopedia – zdjęcia, mapy, flagi poszczególnych państw, poręczne ramki, w których podawano populację danego kraju, godło i przeciętną wysokość nad poziomem morza.

Nie czytałem od deski do deski każdego tomu encyklopedii, ale przeglądałem go na chybił trafił. Fascynowało mnie, jak to wszystko połączono w jedną całość. Kto napisał tekst o mrówniku? Jak to jest, kiedy wydawcy encyklopedii dzwonią do człowieka i mówią: „Znasz mrówniki lepiej niż ktokolwiek inny. Zechciałbyś opracować dla nas to hasło?". Albo tom na literę Z. Kim była osoba, którą uznano za dostatecznie dobrego eksperta od Zulusów, by powierzyć mu opracowanie tego hasła? Czy ta osoba, on lub ona, sama wywodziła się z plemienia Zulu?

Moi rodzice byli oszczędni. W przeciwieństwie do wielu Amerykanów nigdy nie kupowali niczego tylko po to, by zrobić wrażenie na innych ludziach, ani też po to, by posiadać coś luksusowego. Ale z radością nabywali poszczególne tomy encyklopedii, wydając duże pieniądze na owe czasy, ponieważ dzięki temu mogli ofiarować mnie i mojej siostrze dar wiedzy. Zamawiali także wydawane co roku tomy uzupełniające. Co dwanaście miesięcy do domu przysyłano nowy egzemplarz, który zawierał aktualne wydarzenia i przełomowe odkrycia – oznaczony datą 1970, 1971, 1972, 1973 – a ja nie mogłem się doczekać, kiedy wreszcie go otworzę. Do roczników dołączano naklejki – odsyłacze do haseł w kolejnych, alfabetycznych tomach encyklopedii. Moje zadanie polegało na tym, by umieścić te naklejki na właściwych stronach, i traktowałem to bardzo poważnie. Innymi słowy pomagałem tworzyć kronikę historii i nauki z myślą o kimś, kto w przyszłości zechciałby zajrzeć do tych encyklopedii.

Biorąc pod uwagę to, jak bardzo lubiłem World Book, nie może dziwić fakt, że jednym z moich dziecięcych marzeń było zostać autorem jakiegoś hasła. Nie jest jednak tak, że człowiek dzwoni do siedziby wydawnictwa w Chicago i poleca własną osobę. To wydawnictwo musi znaleźć człowieka.

Kilka lat temu, wierzcie lub nie, mój telefon w końcu zadzwonił.

Okazało się, że moja dotychczasowa kariera uczyniła ze mnie kogoś w rodzaju eksperta, do którego twórcy encyklopedii mogli się spokojnie zwrócić o pomoc i monitować w tej sprawie. Nie uważali mnie za największego na świecie specjalistę od rzeczywistości wirtualnej. Tamten człowiek był zbyt zajęty, żeby mogli myśleć o zaangażowaniu go. Ja natomiast, zaliczający się do przyzwoitej średniej, dość szanowany... ale nie na tyle sławny, by odrzucić ich propozycję...

„Zechciałby pan opracować nowe hasło na temat rzeczywistości wirtualnej?" – spytali.

Nie mogłem im powiedzieć, że czekałem na taki telefon całe życie. Mogłem tylko oznajmić: „Tak, oczywiście!". I opracowałem to hasło. I dołączyłem do niego zdjęcie mojej studentki Caitlin Kelleher w hełmie wirtualnym na głowie.

Żaden redaktor nie zakwestionował tego, co napisałem, ale zakładam, że taki mają zwyczaj. Wybierają eksperta i wierzą, że nie nadużyje tego przywileju.

Nie kupiłem najnowszego wydania encyklopedii. Co więcej, choć wybrano mnie do opracowania hasła w World Book Encyclopedia, uważam obecnie, że Wikipedia jest doskonałym źródłem informacji, ponieważ wiem, co znaczy w przypadku takiego wydawnictwa odpowiednia redakcja. Ale czasem, kiedy jestem z dziećmi w jakiejś bibliotece, wciąż nie mogę się oprzeć pragnieniu, by zajrzeć pod literę V (Virtual Reality) i pokazać im, co tam napisano. To dzieło ich taty.

9

Umiejętność zwana przywództwem

Jak niezliczeni amerykańscy entuzjaści, urodzeni w latach sześćdziesiątych, przez większą część dzieciństwa marzyłem o tym, by być kapitanem Jamesem T. Kirkiem, dowódcą statku kosmicznego *Enterprise*. Nie widziałem siebie jako kapitana Pauscha. Wyobrażałem sobie świat, w którym byłem naprawdę kapitanem Kirkiem.

Dla ambitnych chłopców o naukowym zacięciu nie było większego idola niż James T. Kirk z serialu „Star Trek". Jeśli mam być szczery, to naprawdę wierzę, że stałem się lepszym nauczycielem i współpracownikiem – może nawet lepszym mężem – dzięki temu, że oglądałem w telewizji, jak Kirk kieruje swoim *Enterprise*.

Pomyślcie tylko. Jeśli oglądaliście serial, to wiecie, że Kirk wcale nie był najmądrzejszym facetem na pokładzie. Spock, jego pierwszy oficer, odznaczał się nieodmiennie logicznym intelektem wśród załogi. Dr McCoy posiadał wszelką wiedzą medyczną, dostępną człowiekowi w latach sześćdziesiątych XXIII wieku. Scotty był głównym inżynierem, a jego umiejętności techniczne utrzymywały statek na chodzie nawet w czasie ataku kosmitów.

Na czym więc polegały umiejętności Kirka? Jak to się stało, że wszedł na pokład *Enterprise* i zaczął nim dowodzić?

Odpowiedź: istnieje pewien zespół umiejętności, zwany „przywództwem".

Nauczyłem się bardzo dużo, obserwując tego faceta w akcji. Stanowił krystaliczną esencję dynamicznego menadżera, faceta, który wiedział, jak wyznaczać zadania, miał dość pasji, by inspirować innych, i wyglądał dobrze w stroju służbowym. Nigdy nie udawał, że jest zdolniejszy od swoich podwładnych. Przyjmował do wiadomości, że znają się na swoich dziedzinach. Ale to on tworzył wizję i nadawał ton. Sprawował pieczę nad morale załogi. Poza tym Kirk miał w sobie romantyczny rys, co pozwalało mu zabiegać o względy kobiet w każdej galaktyce, którą odwiedził. Wyobraźcie sobie, jak siedzę w domu i oglądam telewizję, ja, dziesięciolatek w okularach. Ilekroć na ekranie pojawiał się Kirk, był dla mnie niczym grecki bóg.

I miał najbardziej niesamowite zabawki! Kiedy byłem mały, wydawało mi się fascynujące, że mógł przebywać na jakiejś planecie i dysponować tym czymś – urządzeniem komunikacyjnym – co pozwalało mu rozmawiać z ludźmi na pokładzie statku. Teraz chodzę z czymś takim w kieszeni. Kto jeszcze pamięta, że to właśnie Kirk zapoznał nas z telefonem komórkowym?

Kilka lat temu zadzwonił do mnie (na moje urządzenie komunikacyjne) pewien pisarz z Pittsburgha, Chip Walter. Był współautorem, wraz z Wiliamem Shatnerem (alias Kirk), książki, która mówiła o tym, jak przełomowe wynalazki, po raz pierwszy pokazane w „Star Trek", zapowiadały dzisiejszy postęp technologiczny. Kapitan Kirk zapragnął odwiedzić moje laboratorium rzeczywistości wirtualnej w Carnegie Mellon.

Oczywiście, w dzieciństwie marzyłem, by być Kirkiem. Ale wciąż uważam, że owo marzenie się spełniło, gdy Shatner przyszedł do mnie. To niesamowite spotkać idola z lat chłopięcych, ale trudno to opisać, kiedy zjawia się, by zobaczyć równie niesamowite rzeczy, które człowiek robi w swoim laboratorium.

Pracowałem ze studentami dwadzieścia cztery godziny na dobę, by stworzyć wirtualny odpowiednik *Enterprise*. Kiedy Shatner przybył, wsadziliśmy mu na głowę ten wielki „hełm". W środku był ekran i gdy Shatner obracał głową, mógł chłonąć wnętrze swojego statku w promieniu 360 stopni. „Rany, macie tu nawet te automatyczne drzwi" – oznajmił. Przygotowaliśmy dla niego też niespodziankę: syreny oznaczające czerwony alarm. „Atakują nas!" – rzucił bez chwili zastanowienia.

Shatner spędził z nami trzy godziny i zadawał dziesiątki pytań. Jeden z kolegów powiedział mi potem: „Bezustannie pytał. Wydawało się, że nie rozumie tego".

Ale ja byłem pod wielkim wrażeniem. Kirk – przepraszam, Shatner – stanowił budzący podziw przykład człowieka, który wie, czego nie wie, jest gotów przyznać się do tego bez wahania i nie zamierza odejść, dopóki nie zrozumie. Uważam to za heroiczne. Chciałbym, żeby każdy absolwent wyższej uczelni odznaczał się taką samą postawą.

W trakcie leczenia, kiedy powiedziano mi, że tylko cztery procent chorych cierpiących na raka trzustki ma szansę przeżyć pięć lat, przyszła mi do głowy pewna kwestia z filmu „Gniew Khana". Kadeci są tam poddawani treningowi polegającemu na symulowaniu dramatycznej sytuacji: bez względu na to, co zrobią, cała załoga zginie. W filmie mówi się, że kiedy Kirk był kadetem, przeprogramował symulację, ponieważ „nie wierzył w scenariusz bez szans na powodzenie".

Wraz z upływem lat kilku z moich co bardziej wyrobionych kolegów z uczelni zaczęło kpić sobie z mojego zauroczenia serialem „Star Trek". Ale ja od samego początku czerpałem z niego inspiracje i nigdy się nie zawiodłem.

Kiedy Shatner dowiedział się o mojej diagnozie, przysłał mi swoje zdjęcie w roli Kirka, z dopiskiem: „Nie wierzę w scenariusz bez szans na powodzenie".

10

Wygrywać na całego

Jedno z moich najwcześniejszych dziecięcych marzeń: być najbardziej niesamowitym facetem w wesołym miasteczku albo na festynie, które odwiedziłem. Wiedziałem bardzo dobrze, jak to osiągnąć.

Najbardziej niesamowity facet jest łatwy do zidentyfikowania: to on właśnie paraduje z największym pluszowym zwierzakiem. Jako dziecko widywałem gdzieś w oddali chłopaka, którego głowa i ciało kryły się niemal w całości za jakimś wielkim cielskiem. Nie miało znaczenia, czy był to umięśniony adonis, czy przeciętniak, który nie potrafił nawet objąć rękoma swojego trofeum. Jeśli miał największego zwierzaka, to był najbardziej niesamowitym gościem na festynie.

Mój tata żywił to samo przekonanie. Czuł się na diabelskim młynie nagi, jeśli nie trzymał przy boku wielkiego niedźwiedzia albo małpy. Zważywszy na duch współzawodnictwa w naszej rodzinie, teren wesołego miasteczka stawał się polem prawdziwej bitwy. Który z nas zdobędzie największą bestię w Królestwie Pluszowych Zwierząt?

Chodziliście kiedykolwiek po wesołym miasteczku z gigantyczną pluszową bestią? Zauważyliście, jak ludzie na was patrzą i jak wam zazdroszczą? Czy zdarzyło wam się posłużyć takim zwierzakiem, by zalecać się do kobiety? Mnie tak... i ożeniłem się z nią!

Gigantyczne pluszaki od samego początku odgrywały dużą rolę w moim życiu. Opowiem wam o pewnym zdarzeniu, miałem wtedy trzy lata, a moja siostra pięć. Poszliśmy do działu z zabawkami w jakimś sklepie i ojciec powiedział, że kupi nam to, czego tylko zażądamy. Był tylko jeden warunek: musimy wybrać to obydwoje i potem dzielić się tym. Rozglądaliśmy się bez końca i wreszcie spojrzeliśmy w górę, a tam, na najwyższej półce, rozpierał się gigantyczny pluszowy królik. „Weźmiemy go!" – zawyrokowała moja siostra.

Była to prawdopodobnie najdroższa zabawka w całym tym dziale. Ale ojciec był człowiekiem, który dotrzymuje słowa. Więc kupił nam tego królika. Uważał zapewne, że to dobra inwestycja. W domu zawsze mógł się przydać jeszcze jeden ogromny pluszak.

W miarę, jak dorastałem i przynosiłem coraz więcej plu-szowych zwierzaków, ojciec zaczął podejrzewać, że przekupuję ludzi. Przypuszczał, że czekałem na zwycięzców, stojąc obok strzelnicy, a potem wsuwałem do kieszeni pięćdziesiątkę ja-kiemuś gościowi, który nie zdawał sobie sprawy, jak bardzo pluszowy zwierzak może zmienić w jego przypadku postrze-ganie świata. Ale ja nigdy nikomu nie zapłaciłem za takie tro-feum.

I nigdy nie oszukiwałem.

Okej, przyznaję się do tego, że za bardzo się nachylałem. To jedyna metoda, kiedy rzuca się kółkiem i chce trafić na kołek. Jestem „nachylaczem", ale nie oszustem.

Należy jednak dodać, że wygrywałem często w sytuacjach, kiedy moja rodzina tego nie widziała. Wiem, że budziło to nie-jaką podejrzliwość. Ale stwierdziłem, że najłatwiej zdobywać pluszowe zwierzaki, gdy na człowieku nie ciąży presja obec-ności najbliższych. Nie chciałem też, by ktokolwiek wiedział, ilu prób wymagało zwycięstwo. Wytrwałość to cnota, ale nie zawsze chodzi o to, by wszyscy widzieli, jak ciężko się nad czymś pracuje.

Jestem teraz gotów ujawnić dwie tajemnice, które pozwalają wygrać gigantyczne pluszowe zwierzęta: długie ręce i niewiel-ka ilość dyskrecjonalnego dochodu. Miałem to szczęście, że nie cierpiałem w życiu na brak ani pierwszego, ani drugiego.

Czy kiedykolwiek spacerowaliście po festynie
z gigantycznym pluszowym zwierzakiem?

***

Mówiłem o pluszowych zwierzętach na ostatnim wykładzie
i pokazałem zdjęcia swoich zdobyczy. Mogłem sobie wyobrazić,
co myślą w tym momencie cynicy będący za pan brat z techniką:

może, w tej epoce cyfrowo manipulowanych obrazów, wszystkie te pluszowe niedźwiedzie wcale nie były obecne na zdjęciach? Albo może nakłoniłem rzeczywistych zwycięzców, by pozwolili mi się sfotografować obok swoich trofeów?

Jak w tych czasach wszechobecnego cynizmu mógłbym przekonać słuchaczy, że naprawdę wygrałem to wszystko? No cóż, po prostu pokazując im autentyczne pluszowe zwierzęta. Tak więc poprosiłem kilkoro swoich studentów, by wkroczyli zza kulis na scenę, niosąc trofea, które przez lata wygrywałem.

Już ich nie potrzebuję. I choć wiem, że moja żona kochała tego niedźwiedzia, którego powiesiłem w jej gabinecie, kiedy chodziliśmy ze sobą, to teraz, gdy jesteśmy starsi o troje dzieci, nie chce, by cała ta pluszowa armia zawalała nasz nowy dom (zaczęły z niej wyłazić kulki styropianowe, trafiając do buzi Chloe).

Wiedziałem, że jeśli zatrzymam te zwierzęta, to pewnego dnia Jai zadzwoni do jakiejś instytucji charytatywnej i powie: „Zabierzcie je wszystkie"... albo, co gorsza, uzna, że nie może tego zrobić. Dlatego podjąłem decyzję: oddam je przyjaciołom.

Tak więc, gdy zostały ustawione na scenie w jednym rzędzie, oświadczyłem: „Każdy, kto ma ochotę wziąć sobie kawałek mnie, niech podejdzie na koniec i zabierze jakiegoś zwierzaka; kto pierwszy, ten lepszy".

Wszystkie pluszowe olbrzymy szybko znalazły nowe domy. Dowiedziałem się kilka dni później, że jednego zabrała studentka Carnegie Mellon, która, tak jak ja, ma raka. Po wykładzie weszła na scenę i wybrała sobie gigantycznego słonia. Jest w tym pewna symboliczność, która mi się bardzo podoba. Dziewczyna ma słonia w pokoju.

11

Najszczęśliwsze miejsce na Ziemi

W roku 1969, kiedy miałem osiem lat, moja rodzina wyruszyła w podróż przez cały kraj, żeby zobaczyć Disneyland. Była to istna wyprawa. I gdy już tam dotarliśmy, ogarnął mnie niekłamany zachwyt. Znalazłem się w najwspanialszym miejscu, jakie kiedykolwiek widziałem.

Stojąc w kolejce z innymi dzieciakami, byłem w stanie myśleć tylko o jednym: „Nie mogę się doczekać, kiedy sam będę tworzył coś takiego".

Dwadzieścia lat później, kiedy zrobiłem doktorat na wydziale informatyki Carnegie Mellon, uznałem, że dzięki temu mam wszelkie kwalifikacje, by robić cokolwiek, więc sporządziłem czym prędzej podanie o pracę w Walt Disney Imagineering.

Dostałem od nich najmilszy list odmowny, jaki zdarzyło mi się kiedykolwiek otrzymać. Napisali, że rozpatrzyli moje podanie i że nie dysponują „żadnym stanowiskiem, które odpowiadałoby pańskim kwalifikacjom".

Żadnym? Ta firma słynie z tego, że zatrudnia armię ludzi do zamiatania ulic! Disney nic dla mnie nie znalazł? Nawet miotły?

A więc niepowodzenie. Powtarzałem jednak w myślach swoją mantrę: mury wznosi się nie bez powodu. Wyrastają nie po to, by nas powstrzymać. Wyrastają po to, by nam pokazać, jak bardzo czegoś pragniemy.

A teraz przejdźmy szybko do roku 1995. Zostałem profesorem na Uniwersytecie Stanowym Wirginii, gdzie pomogłem stworzyć system o nazwie „Rzeczywistość wirtualna za pięć dolarów dziennie". Działo się to w czasach, gdy eksperci od rzeczywistości wirtualnej twierdzili z uporem, że potrzebują pół miliona dolarów, by cokolwiek zrobić. Razem z kolegami z uczelni udało mi się stworzyć niskobudżetowy system rzeczywistości wirtualnej. Ludzie ze świata informatyki uznali, że jest całkiem niezły.

Niedługo potem dowiedziałem się, że Disney Imagineering pracuje nad projektem rzeczywistości wirtualnej. Było to otoczone ścisłą tajemnicą, w każdym razie chodziło o atrakcję w stylu Aladyna, która pozwalałaby ludziom latać na magicznym dywanie. Zadzwoniłem do Disneya i wyjaśniłem, że zajmuję się zawodowo rzeczywistością wirtualną i że potrzebuję informacji na ten temat. Byłem śmiesznie uparty; łączyli mnie bez końca z różnymi osobami, aż w końcu słuchawkę podniósł jakiś facet nazwiskiem Jon Snoddy. Tak się złożyło, że był to sam genialny szef zespołu disnejowskich inżynierów. Czułem się tak, jakbym zadzwonił do Białego Domu i uzyskał połączenie z prezydentem.

Pogadaliśmy chwilę, a potem oznajmiłem Jonowi, że wybieram się do Kalifornii. Może byśmy się spotkali? (Prawda wyglądała tak, że gdyby odpowiedział twierdząco, to jedynym powodem mojego przyjazdu byłaby chęć zobaczenia go na własne oczy. Poleciałbym na Neptuna, żeby na niego spojrzeć!). Odparł, że okej. Skoro przyjeżdżam, to możemy spotkać się na lunchu.

Wcześniej odwaliłem osiemdziesiąt godzin pracy domowej. Poprosiłem wszystkich ważniaków od rzeczywistości wirtualnej, jakich tylko znałem, żeby podzielili się ze mną swoją wiedzą na temat projektu Disneya. W rezultacie, kiedy w końcu spotkałem się z Jonem, był pod wrażeniem mojego przygotowania (łatwo udawać mądrego, kiedy papuguje się mądrych ludzi). Pod koniec lunchu wyskoczyłem z „prośbą".

„Mam urlop naukowy" – oświadczyłem.

„A co to takiego?" – spytał, ja zaś poczułem przedsmak rozdźwięku kulturowego między nauką a rozrywką.

Kiedy wyjaśniłem mu, na czym polega urlop naukowy, uznał, że byłoby nieźle, gdybym spędził ten czas w jego zespole. Zawarliśmy układ: przyjadę na sześć miesięcy, popracuję nad projektem i opublikuję materiał na ten temat. Byłem zachwycony. Nie zdarzało się, by Imagineering zapraszało takiego pracownika akademickiego jak ja do udziału w otoczonej tajemnicą operacji.

Jedyny problem: na tak ekscentryczny urlop naukowy potrzebowałem zgody od moich szefów.

No cóż, każda historia Disneya wymaga obecności jakiegoś złego charakteru i w moim przypadku był to pewien dziekan z Uniwersytetu Wirginii. „Dziekan Wormer" (jak ochrzciła go Jai, zapożyczając to miano z filmu „Menażeria") obawiał się, że Disney wyssie z mojej głowy całą tę „własność intelektualną", która w gruncie rzeczy należała do uniwersytetu. Oponował przeciwko temu, co zamierzałem zrobić. Spytałem go: „Czy w ogóle sądzi pan, że to dobry pomysł?". A on na to: „Nic nie sądzę". Ów dziekan stanowił dowód, że najbardziej nieprzeniknione mury mają postać człowieka.

Ponieważ nic nie mogłem z nim wskórać, poszedłem do dziekana, w którego gestii leżały badania sponsorowane. Spytałem go: „Myśli pan, że to dobry pomysł?". I on odpowiedział: „Mam za mało informacji, by się wypowiadać. Wiem jednak, że jeden z moich najlepszych pracowników siedzi teraz w moim gabinecie

Moja siostra i ja w wagoniku kolejki.
Jedyne, co mi przychodziło do głowy, to:
nie mogę się doczekać, kiedy będę robił takie rzeczy.

i jest naprawdę podekscytowany. Zatem pan niech mi powie
więcej o tej sprawie".

Oto lekcja dla menadżerów i ludzi z administracji. Obaj dziekani powiedzieli to samo: że nie mają pojęcia, czy mój urlop
naukowy to dobry pomysł. Ale zauważcie, jak odmiennie to
zrobili!

Skończyło się na tym, że pozwolono mi wziąć urlop naukowy;
jednym słowem, spełniło się moje marzenie. Przyznam się wam
do czegoś, co dowodzi, jak jestem postrzelony. Wkrótce po przyjeździe do Kalifornii wskoczyłem w swój kabriolet i popędziłem

do siedziby Disney Imagineering. Był gorący letni wieczór, w głośnikach dudniła muzyka z „Króla Lwa". Po mojej twarzy zaczęły spływać łzy, kiedy podjechałem pod budynek firmy. Oto byłem tu, dorosła wersja tamtego ośmiolatka, który patrzył na Disneyland z zachwytem. W końcu znalazłem się tam, gdzie pragnąłem.

III

PRZYGODY... I LEKCJE, JAKIE Z NICH WYNIKNĘŁY

12

Park jest otwarty
do 20.00

Moja medyczna odyseja zaczęła się latem roku 2006, kiedy po raz pierwszy poczułem nieznaczny i nieokreślony ból w górze brzucha. Potem wdała się żółtaczka i lekarze podejrzewali u mnie zapalenie wątroby. Okazało się, że to pobożne życzenie. Badania tomograficzne ujawniły, że mam raka trzustki; wystarczyło mi dziesięć sekund, by dowiedzieć się w Google, że to naprawdę zła wiadomość. Nowotwór ten, w porównaniu z innymi, powoduje najwięcej zgonów; połowa pacjentów, u których go stwierdzono, umiera w ciągu sześciu miesięcy, a 96 procent w ciągu pięciu lat.

Potraktowałem proces swojego leczenia tak, jak traktuję wiele innych rzeczy, czyli jako naukowiec. Dlatego zadawałem lekarzom mnóstwo fachowych pytań i wraz z nimi snułem różne hipotezy. Nagrywałem na magnetofon nasze rozmowy, by dokładniej wysłuchać ich wyjaśnień, siedząc w domu. Wyszukiwałem hermetyczne artykuły i przynosiłem na umówione wizyty. Wydawało się, że lekarze nie są zniechęceni moją postawą. Większość uważała, że jestem dość zabawnym pacjentem, ponieważ tak bardzo się we wszystko angażuję (nie mieli nawet nic przeciwko temu, żebym przyprowadzał ze sobą orędowników – moja przyjaciółka i koleżanka z uczelni, Jessica Hodgins, towarzyszyła mi w czasie wizyt u lekarza, oferując zarówno wsparcie, jak i swoje wspaniałe umiejętności, dzięki którym mogłem lepiej zrozumieć informacje natury medycznej).

Oznajmiłem lekarzom, że jestem gotów poddać się każdemu zabiegowi z ich chirurgicznego arsenału i połknąć wszystko z ich szafek, ponieważ przyświeca mi jeden cel: żyć jak najdłużej ze względu na Jai i dzieci. Podczas pierwszej wizyty u chirurga w Pittsburghu, Herba Zeha, powiedziałem: „Postawmy sprawę jasno. Moim celem jest przeżyć i wciąż widnieć w pańskim terminarzu za dziesięć lat".

Okazało się, że zaliczam się do tej nielicznej grupy pacjentów, którzy mogli skorzystać z dobrodziejstwa „operacji Whipple'a", od nazwiska lekarza, który w roku 1930 opracował tę skomplikowaną procedurę. W latach siedemdziesiątych w wyniku operacji umierało do 25 procent pacjentów, którzy się jej poddawali.

W roku 2000 ryzyko śmierci spadło poniżej 5 procent, jeśli zabieg był przeprowadzany przez doświadczonych specjalistów. Mimo wszystko wiedziałem, że czeka mnie koszmarny okres, zwłaszcza że po operacji był wymagany wyjątkowo toksyczny reżim chemio- i radioterapii.

W wyniku operacji doktor Zeh usunął mi nie tylko guz, ale także woreczek żółciowy, jedną trzecią trzustki, jedną trzecią żołądka i spory odcinek jelita cienkiego. Kiedy doszedłem do siebie, spędziłem dwa miesiące w centrum onkologicznym w Houston, gdzie poddano mnie intensywnej chemioterapii i gdzie codziennie naświetlano mi brzuch wysokimi dawkami promieniowania. Moja waga spadła z 90 do 70 kilogramów, a pod koniec z trudem chodziłem. W styczniu wróciłem do domu, a tomograf nie wykazał śladu raka. Powoli odzyskiwałem siły.

W sierpniu nadeszła pora na badania kontrolne w centrum onkologicznym. Poleciałem do Houston z Jai, dzieci zostały w domu z opiekunką. Potraktowaliśmy tę podróż jak coś w rodzaju romantycznej ucieczki. Poszliśmy nawet dzień przed umówioną wizytą do wielkiego parku wodnego – tak, wiem, taki romantyk ze mnie – i zjechałem rurą na dół, śmiejąc się jak szalony.

15 sierpnia 2007, w środę, przyjechaliśmy do centrum onkologicznego, by omówić ostatnie badania tomograficzne z moim

onkologiem, Robertem Wolffem. Wprowadzono nas do gabinetu, gdzie pielęgniarka zadała kilka rutynowych pytań. „Jakieś zmiany w wadze ciała, Randy? Wciąż bierzesz te same leki?". Kiedy zamknęły się za nią drzwi, Jai zwróciła uwagę na jej radosny, śpiewny głos i słowa wypowiedziane wesołym tonem: „Okej, za chwilę przyjdzie lekarz".

W pokoju badań znajdował się komputer; zauważyłem, że pielęgniarka się nie wylogowała. Znam się, oczywiście, na komputerach, ale w tym przypadku nie musiałem bawić się w hackera. Na ekranie widniały wyniki moich badań.

„Rzucimy okiem?" – zwróciłem się do Jai. Nie czułem żadnych oporów przed tym, co robię. Bądź co bądź, to były moje wyniki.

Zacząłem klikać i odszukałem wyniki badań krwi. Pojawiło się około 30 niezbyt jasnych dla mnie wartości, ale wiedziałem, czego szukam – CA 19-9 – markera nowotworowego. Kiedy go odnalazłem, okazało się, że ma przerażającą liczbę 208. Normalna wartość to 37. Przyglądałem mu się przez sekundę.

„To koniec" – powiedziałem do Jai. – „Jestem załatwiony".

„Co masz na myśli?" – spytała.

Powiedziałem jej, ile wynosi CA 19-9. Nauczyła się dostatecznie dużo o leczeniu raka, by wiedzieć, że liczba 208 wskazuje na przerzuty: wyrok śmierci.

„To nie jest zabawne" – oznajmiła. – „Przestań z tego żartować".

Zauważyłem, że odchyla się na krześle i zamyka oczy przed udzieleniem odpowiedzi na kolejne pytanie, jakby pomagało mu to myśleć. Obserwowałem jego pozę, gdy siedział obok Jai. Miałem niemal wrażenie wyobcowania, myśląc sobie: nie obejmuje jej ramieniem. Rozumiem dlaczego. Byłoby to zbyt aroganckie. Ale nachyla się do niej i trzyma dłoń na jej kolanie. Boże, jest w tym naprawdę niezły.

Chciałbym, żeby każdy student medycyny, który rozważa specjalizację w onkologii, mógł widzieć to, co ja widziałem. Byłem świadomy, że lekarz posługuje się semantyką, by wyrazić jak najwięcej w jak najbardziej pozytywnym świetle. Kiedy spytaliśmy: „Jak długo jeszcze będę żył?", odparł: „Prawdopodobnie masz od trzech do sześciu miesięcy w dobrym zdrowiu". Przypomniał mi się czas spędzony u Disneya. Spytaj jego pracowników: „O której zamykają wesołe miasteczko?". Odpowiedzą zapewne: „Park jest otwarty do dwudziestej".

Właściwie odczułem dziwną ulgę. Przez wiele pełnych napięcia miesięcy – zbyt wiele – czekaliśmy, by się przekonać, czy guzy znów się pojawią i kiedy to się stanie. I oto były, cała armia. Oczekiwanie dobiegło końca. Teraz mogliśmy zająć się tym, co należało w takiej sytuacji zrobić.

Pod koniec doktor objął Jai i uścisnął mi dłoń, my zaś wyszliśmy razem, wkraczając w naszą nową rzeczywistość.

Opuszczając gabinet doktora, pomyślałem o tym, co powiedziałem Jai w parku wodnym, w przypływie radości, która mnie ogarnęła, gdy zjechałem rurą do basenu. „Nawet jeśli wyniki badania tomograficznego będą złe" – oznajmiłem – „chcę, żebyś wiedziała jedno: to wspaniałe uczucie żyć i być tu z tobą. Bez względu na to, co usłyszymy, nie zamierzam umrzeć. Nie umrę następnego dnia ani drugiego, ani trzeciego. W tej chwili, dzisiaj, jest wspaniały dzień. Chcę, żebyś wiedziała, jak bardzo się nim cieszę".

Pomyślałem o tym i o uśmiechu Jai.

I wiedziałem jedno. Tak właśnie muszę przeżyć resztę swojego życia.

13

Człowiek
w kabriolecie

Pewnego ranka, kiedy już dawno stwierdzono u mnie nowotwór, dostałem e-maila od Robbee Kosak, wicedziekana do spraw rozwoju nauki. Opowiedziała mi pewną historię.

Poprzedniego wieczoru wracała samochodem z pracy i w pewnym momencie stanęła za jakimś mężczyzną w kabriolecie. Był to ciepły, cudowny, wczesnowiosenny wieczór; mężczyzna opuścił dach i szyby. Rękę miał przerzuconą przez drzwi i stukał palcami o karoserię w rytm muzyki w radio. Poruszał też głową, a wiatr rozwiewał mu włosy.

Robbee zmieniła pas ruchu i podjechała odrobinę bliżej. Mogła dostrzec z boku, że mężczyzna ma na twarzy nieznaczny uśmiech, taki, jaki towarzyszy człowiekowi, gdy jest sam, szczęśliwie pogrążony w swoich myślach. Robbee pomyślała bezwiednie: rany, oto uosobienie kogoś, kto się cieszy tym dniem i tą chwilą.

Kabriolet skręcił w końcu na najbliższym rogu i właśnie wtedy Robbee zobaczyła dokładnie twarz mężczyzny. „O mój Boże" – powiedziała do siebie. – „To Randy Pausch!". Była poruszona, kiedy mnie zobaczyła. Wiedziała, że moja diagnoza nie wygląda najlepiej. A jednak napisała mi w e-mailu o tym, że była pod wrażeniem mojego zadowolenia. W tej samotnej chwili miałem najwyraźniej doskonały nastrój. Robbee napisała: „Nie wiesz nawet, ile radości sprawił mi twój widok; uświadomiłam sobie, co jest w życiu ważne".

Przeczytałem ten e-mail kilka razy. Potem wracałem do niego wielokrotnie.

Niełatwo było mi zachować optymizm w trakcie leczenia. Kiedy człowiek cierpi na poważne schorzenie, trudno się czasem zorientować we własnych uczuciach. Zastanawiałem się, czy chwilami, w obecności innych ludzi, nie zachowuję się przypadkiem jak aktor. Może czasem starałem się za wszelką cenę uchodzić za silnego i pełnego optymizmu. Wielu chorych na raka odczuwa przymus popisywania się odwagą. Czy i ja to robiłem?

Ale Robbee przyłapała mnie w bezwiednej chwili szczerości. Chciałbym wierzyć, że ujrzała mnie takim, jaki jestem. Z pewnością ujrzała mnie takim, jaki byłem tamtego wieczoru.

Jej e-mail był tylko jednym paragrafem, ale znaczył dla mnie bardzo dużo. Otworzyła okno, przez które mogłem wejrzeć w siebie. Wciąż byłem zanurzony w życiu. Wciąż wiedziałem, że jest dobre. Szło mi nieźle.

14

Holenderski wujek

Każdy, kto mnie zna, powie wam, że zawsze miałem trzeźwy stosunek do samego siebie i swoich możliwości. Zwykle mówię to, co myślę, i to, w co wierzę. Nie mam cierpliwości do niekompetencji.

Są to cechy, które na ogół dobrze mi służą. Ale bywają chwile, co być może wydaje się wam nieprawdopodobne, gdy sprawiam wrażenie osoby aroganckiej i nietaktownej. Właśnie wtedy należy docenić kogoś, kto sprowadza człowieka z powrotem na ziemię.

Moja siostra Tammy musiała długo znosić swojego wszystkowiedzącego młodszego brata. Zawsze mówiłem jej, co ma robić, jakby nasza kolejność urodzin była błędem, który bezustannie próbowałem skorygować.

Pewnego razu, kiedy miałem siedem lat, a Tammy dziewięć, czekaliśmy na autobus szkolny; ja jak zwykle się odszczekiwałem. Doszła do wniosku, że ma dość. Wzięła do ręki mój stalowy pojemnik z drugim śniadaniem i cisnęła w błotnistą kałużę... dokładnie w chwili, gdy podjechał autobus. Siostra wylądowała w gabinecie dyrektora szkoły, a ja zostałem odesłany do woźnego, który oczyścił pudełko, wyrzucił brudną i mokrą kanapkę i dał mi uprzejmie pieniądze, żebym kupił sobie coś do jedzenia.

Dyrektor poinformował moją siostrę, że zadzwonił do naszej matki. „Niech sama to załatwi" – powiedział. Kiedy wróciliśmy po szkole do domu, matka oświadczyła: „Niech ojciec to załatwi". Moja siostra przez cały dzień czekała w napięciu na wyrok losu.

Kiedy ojciec wrócił z pracy, wysłuchał całej historii i uśmiechnął się szeroko. Nie zamierzał ukarać Tammy. Niewiele brakowało, żeby jej pogratulował! Byłem dzieciakiem, któremu należało wyrzucić pudełko z lunchem do kałuży. Tammy odetchnęła z ulgą, a ja zrozumiałem, gdzie jest moje miejsce... choć nie uświadomiłem sobie do końca tej lekcji, którą otrzymałem.

Zwykle nie dostrzegałem, jak inni mnie widzą, między innymi dlatego, że wszystko na ogół mi wychodziło i odnosiłem sukcesy na studiach. Andy van Dam, legendarny profesor informatyki, mianował mnie swoim asystentem. Andy van Demand (Andy Wymóg), jak go powszechnie nazywano, lubił mnie.

Wiele rzeczy traktowałem z pasją – dobra cecha. Ale, podobnie jak wielu ludzi, odznaczałem się pewnymi rysami charakteru, które można by uznać za wady. W oczach Andy'ego byłem opanowany aż do przesady i za bardzo obcesowy, nie mówiąc już o tym, że nigdy się z nikim nie zgadzałem i w każdej sprawie miałem własne zdanie.

Pewnego dnia poszliśmy na spacer. Andy objął mnie ramieniem i powiedział: „Randy, to doprawdy wstyd, że ludzie uważają cię za takiego aroganta, ponieważ będzie to w znacznym stopniu ograniczało wszystko, co zamierzasz w życiu osiągnąć".

Teraz, z perspektywy czasu, wydaje się, że wspaniale to ujął. W gruncie rzeczy oznajmił: „Randy, jesteś palantem". Ale zrobił to w sposób pozwalający mi zaakceptować jego krytycyzm, wysłuchać swego bohatera, który powiedział mi to, czego powinienem był wysłuchać. W języku angielskim istnieje określenie „holenderski wujek" – oznacza osobę, która potrafi ocenić nas w sposób szczery i uczciwy. W dzisiejszych czasach niewielu ludzi ma ochotę to robić, a samo określenie zaczęło wychodzić z użycia, a nawet stało się niejasne (najśmieszniejsze jest to, że Andy to najprawdziwszy Holender).

Od kiedy mój ostatni wykład zaczął się rozprzestrzeniać po Internecie, wielu przyjaciół żartuje sobie ze mnie dobrotliwie, nazywając „Świętym Randym". Na swój sposób przypominają mi, że niegdyś pasowały do mnie barwniejsze określenia.

Chcę jednak wierzyć, że moje wady mają charakter towarzyski, a nie moralny. Nie mówiąc już o tym, że przez długie lata korzystałem na znajomości z ludźmi takimi jak Andy, którzy zadawali sobie trud, by mówić mi szczerze mądre prawdy, tak bardzo potrzebne.

15

Puszka napoju na tylnym siedzeniu

Przez długi czas odgrywałem rolę „wujka kawalera"; stanowiła ona część mojej osobowości. Będąc już po trzydziestce, nie miałem jeszcze dzieci, więc darzyłem rodzicielskim uczuciem syna i córkę swojej siostry, Chrisa i Laurę. Uwielbiałem rolę Wujka Randy'ego, faceta, który pojawiał się mniej więcej co miesiąc w ich życiu i pomagał spojrzeć na świat z nowej i dziwnej perspektywy.

Nie znaczy to, że psułem te dzieciaki. Próbowałem po prostu wpoić im swoje poglądy na życie. Czasem doprowadzało to moją siostrę do szału.

Pewnego razu, jakieś dwanaście lat temu, kiedy Chris miał siedem, a Laura dziewięć, zabrałem je na przejażdżkę swoim nowiutkim kabrioletem Volkswagena.

„Zachowujcie się grzecznie w nowym samochodzie wujka Randy'ego" – nakazała im moja siostra. – „Wytrzyjcie buty, zanim wsiądziecie do wozu. Nie róbcie tam bałaganu. Nie pobrudźcie go".

Słuchając jej, pomyślałem, w sposób typowy dla wujka kawalera: takie właśnie upomnienia powodują skutek odwrotny do zamierzonego. Oczywiście, że dzieci zabrudzą mi samochód. To silniejsze od nich. Postanowiłem więc załatwić sprawę od razu. Kiedy moja siostra ustalała zasady obowiązujące w moim wozie, powoli i z rozmysłem otworzyłem puszkę z napojem, odwróciłem ją do góry dnem i wylałem zawartość na tylne siedzenie kabrioletu. Moje przesłanie: ludzie są ważniejsi od rzeczy. Samochód, nawet tak dziewiczy klejnot jak mój nowy kabriolet, to tylko i wyłącznie rzecz.

Rozlewałem colę i jednocześnie obserwowałem Chrisa i Laurę – usta mieli rozdziawione, oczy szeroko otwarte. Wujek Randy odrzucał całkowicie zasady ludzi dorosłych.

Skończyło się na tym, że byłem bardzo zadowolony z faktu rozlania tego napoju. Ponieważ w ten sam weekend Chris zachorował na grypę i zwymiotował, brudząc całe siedzenie. Nie czuł się winny, wprost przeciwnie, był zadowolony: widział wcześniej, jak osobiście zabrudziłem samochód. Wiedział, że wszystko będzie okej.

Ilekroć dzieci były ze mną, przestrzegaliśmy dwóch zasad:

1) Żadnego narzekania.

2) Cokolwiek robimy razem, nie mówimy o tym mamie.

Ten ostatni fakt nadawał wszystkiemu charakter pirackiej przygody. Nawet codzienność może być odczuwana jak magia.

Najczęściej, podczas wspólnych weekendów, Chris i Laura przesiadywali w moim mieszkaniu, a ja zabierałem oboje do Chuck E. Cheese, na wycieczkę albo do jakiegoś muzeum. Na specjalne okazje zatrzymywaliśmy się w hotelu z basenem.

Lubiliśmy przyrządzać we trójkę naleśniki. Mój ojciec zawsze pytał: „Dlaczego naleśniki muszą być okrągłe?". Ja zadawałem to samo pytanie. Dlatego nieodmiennie pichciliśmy naleśniki w dziwacznych kształtach zwierząt. Ta potrawa odznacza się nieregularnością, która mi się podoba, ponieważ każdy „zwierzęcy" naleśnik staje się niezamierzonym testem Rorschacha. Chris i Laura mówili: „To nie jest kształt, o jaki nam chodziło". Ale to właśnie pozwalało widzieć naleśnik takim, jakim po prostu był, i wyobrażać sobie zwierzę, które mógł przedstawiać.

Byłem świadkiem, jak Laura i Chris dorastali, przemieniając się we wspaniałych młodych ludzi. Dziewczyna ma teraz dwadzieścia jeden lat, a chłopak dziewiętnaście. W tej chwili, bardziej niż kiedykolwiek, cieszę się, że uczestniczyłem w ich dzieciństwie, gdyż coś sobie z czasem uświadomiłem. Jest nieprawdopodobne, żebym kiedykolwiek był ojcem dzieci w wieku powyżej sześciu lat. Więc czas, jaki spędziłem z Chrisem i Laurą, wydaje mi się tym cenniejszy. Zawdzięczam im dar, jakim była moja obecność w ich dziecięcym i nastoletnim życiu, i później, kiedy wkraczali w dorosłość.

Niedawno poprosiłem oboje, by wyświadczyli mi przysługę. Chcę, by w niedalekiej przyszłości, kiedy już umrę, zabierali w weekendy moje dzieci, jeździli z nimi w różne miejsca i po prostu zajmowali się czymś zabawnym, co tylko przyjdzie im do głowy. Nie muszą robić dokładnie tego samego, co robiliśmy razem. Niech pozwolą moim dzieciom przejąć inicjatywę. Dylan uwielbia dinozaury. Może Chris i Laura zabiorą go do muzeum historii naturalnej. Logan lubi sport. Może zabiorą go na mecz Steelersów. A Chloe przepada za tańcem. Coś wykombinują.

Chcę także, by mój siostrzeniec i siostrzenica powiedzieli moim dzieciom kilka rzeczy. Najpierw, po prostu: „Wasz tata prosił nas, żebyśmy spędzili ten czas z wami, tak jak on spędzał czas z nami". Mam też nadzieję, że wyjaśnią moim dzieciakom, jak ciężko walczyłem, by utrzymać się przy życiu. Zdecydowałem się na najbardziej drastyczne leczenie, jakiemu mogłem się poddać, ponieważ chciałem przetrwać jak najdłużej dla swoich dzieci. Oto moje przesłanie i pragnę, by Laura i Chris przekazali je dalej.

Aha, i jeszcze jedno. Jeśli moje dzieci zapaskudzą im samochody, to mam nadzieję, że Chris i Laura pomyślą wtedy o mnie i się uśmiechną.

16

Romantyczny mur

Najbardziej budzący respekt mur, jaki napotkałem w swoim życiu, liczył sto sześćdziesiąt trzy centymetry i był absolutnie piękny. Ale zmusił mnie do łez, sprawił, że musiałem przewartościować całe swoje życie, i doprowadził do tego, że w przypływie rozpaczy zadzwoniłem do ojca, by spytać, jak sobie poradzić z tą przeszkodą.

Tym murem była Jai.

Jak już wspomniałem wcześniej w trakcie tego wykładu, zawsze wykazywałem się dużą biegłością w pokonywaniu murów w swoim życiu zawodowym i akademickim. Nie opowiedziałem słuchaczom o okresie naszego narzeczeństwa, ponieważ wiedziałem, że popadnę w zbyt emocjonalny ton. Mimo wszystko słowa, które wypowiedziałem na scenie, odnosiły się całkowicie do wczesnych dni mojej znajomości z Jai:

„...Mury istnieją po to, by powstrzymywać ludzi, którzy nie pragną czegoś dostatecznie mocno".

Byłem trzydziestosiedmioletnim kawalerem, kiedy poznałem Jai. Przez długi czas umawiałem się z różnymi osobami, świetnie się bawiłem, a potem traciłem dziewczyny, które oczekiwały czegoś poważniejszego. Przez całe lata nie odczuwałem potrzeby stabilizacji. Nawet jako profesor na pełnym etacie, który mógł pozwolić sobie na coś lepszego, mieszkałem w wynajmowanym za 450 dolarów miesięcznie mieszkaniu na strychu, do którego wchodziło się przez schody pożarowe. Było to lokum, w którym nie chcieliby mieszkać moi studenci, ponieważ uznaliby je za niegodne ich. Ale dla mnie było w sam raz.

Pewien przyjaciel spytał mnie kiedyś: „Jak myślisz, jaka kobieta okazałaby zachwyt, gdybyś ją tu przyprowadził?". Odparłem: „Ta właściwa".

Ale kogo oszukiwałem? Byłem Piotrusiem Panem, który uwielbiał zabawę i pracę, i miał metalowe składane krzesła w jadalni. Żadna kobieta, nawet ta właściwa, nigdy nie zaakceptowałaby z radością czegoś takiego (i gdy Jai w końcu pojawiła się w moim życiu, też tego nie zrobiła). Oczywiście miałem dobrą pracę, wiele też przemawiało na moją korzyść. Ale wątpię, czy jakakolwiek kobieta uznałaby mnie za idealnego kandydata na męża.

Poznałem Jai jesienią 1998, kiedy zaproszono mnie na Uniwersytet Karoliny Północnej w Chanel Hill; miałem tam wygłosić wykład o technologii rzeczywistości wirtualnej. Jai, wówczas trzydziestojednoletnia magistrantka literatury komparatywnej, pracowała na tym samym uniwersytecie na wydziale informatyki. Jej obowiązki polegały na oprowadzaniu gości po laboratoriach, bez względu na to, czy byli to laureaci nagrody Nobla, czy harcerki. Akurat tamtego dnia miała zajmować się mną.

Jai widziała mnie już wcześniej, poprzedniego lata, kiedy przemawiałem na konferencji w Orlando, poświęconej grafice komputerowej. Potem mi wyznała, że zastanawiała się, czy nie podejść do mnie, żeby się przedstawić, ale nie zrobiła tego. Kiedy powiedziano jej, że będzie moją opiekunką na Uniwersytecie Karoliny Północnej, odwiedziła moją stronę internetową, żeby dowiedzieć się o mnie czegoś więcej. Zapoznała się z moimi osiągnięciami akademickimi, a potem odszukała linki dotyczące mniej oficjalnych informacji na mój temat – że moje hobby to robienie domków z piernika i szycie. Poznała mój wiek, nie znalazła nawet wzmianki o dziewczynie czy żonie, ale za to mnóstwo zdjęć mojej siostrzenicy i siostrzeńca.

Doszła do wniosku, że jestem dość ekscentrycznym i interesującym facetem, i była na tyle zaintrygowana, by obdzwonić swoich przyjaciół na wydziale informatycznym.

„Co wiesz o Randym Pauschu?" – pytała. – „Czy to gej?".

Zapewniono ją, że nie. Co więcej, dowiedziała się, że mam reputację lekkoducha, który nigdy się nie ustatkuje (no cóż, o ile naukowiec zajmujący się komputerami może być uważany za „lekkoducha").

Jeśli chodzi o Jai, miała za sobą krótkie małżeństwo z ukochanym ze studiów i gdy skończyło się to bezdzietnym rozwodem, bała się ponownie zaangażować.

Od chwili, gdy zobaczyłem ją w dniu swojej wizyty, nie mogłem oderwać od niej wzroku. Była, oczywiście, piękna i miała wtedy wspaniałe długie włosy, i uśmiech, który świadczył o jej wewnętrznym cieple i figlarności. Wprowadziła mnie do laboratorium, gdzie studenci demonstrowali swoje projekty rzeczywistości wirtualnej, a ja miałem poważne trudności, by się skoncentrować na którymkolwiek z nich, gdyż obok mnie stała Jai.

Nie upłynęło dużo czasu, a flirtowałem bez żenady. Znajdowaliśmy się na gruncie zawodowym, co oznaczało o wiele bardziej intensywny kontakt wzrokowy, niż było to dopuszczalne. Jai powiedziała mi później: „Nie potrafiłam się zorientować, czy robiłeś tak z każdym, czy tylko ze mną". Wierzcie mi, tylko z nią.

W pewnej chwili Jai usiadła ze mną, żeby porozmawiać o ściągnięciu programów komputerowych na uniwersytet. Byłem już nią całkowicie zauroczony. Musiałem uczestniczyć tego wieczoru w uroczystej kolacji na wydziale, ale spytałem, czy pójdzie potem ze mną na drinka. Zgodziła się.

Nie mogłem się skoncentrować podczas kolacji. Modliłem się, by uczestniczący w niej profesorowie przeżuwali szybciej. Przekonywałem wszystkich, by nie zamawiali deseru. Wyszedłem stamtąd o wpół do dziewiątej i zadzwoniłem do Jai.

Poszliśmy do winiarni, choć tak naprawdę nie piję, i niebawem ogarnęło mnie magiczne przekonanie, że chcę być z tą kobietą. Miałem następnego ranka wracać samolotem do domu, ale powiedziałem jej, że przełożę to, jeśli umówi się ze mną na randkę. Zgodziła się; spędziliśmy ze sobą wspaniałe chwile.

Po powrocie do Pittsburgha poprosiłem, żeby mnie odwiedziła. Nie ulegało wątpliwości, że nie jestem jej obojętny, ale bała się – zarówno mojej reputacji, jak i tego, że się zakocha.

„Nie przyjeżdżam" – napisała w e-mailu. – „Przemyślałam wszystko i nie zamierzam się angażować w związek na odległość. Przykro mi".

Miałem oczywiście fioła na jej punkcie i uznałem, że uda mi się pokonać ten mur. Posłałem jej dwanaście róż i kartkę ze słowami: „Chociaż bardzo mnie to zasmuca, szanuję Twoją decyzję i życzę Ci tylko tego co najlepsze. Randy".

No cóż, okazało się to skuteczne. Jai wsiadła do samolotu.

Przyznaję: jestem albo nieuleczalnym romantykiem, albo odrobinę makiawelicznym typem. Ale pragnąłem jej w swoim życiu. Zakochałem się, nawet jeśli ona wciąż poszukiwała właściwej drogi.

Przez całą zimę widywaliśmy się niemal w każdy weekend. Chociaż Jai nie ekscytowała się moją obcesowością i zarozumiałością, oświadczyła, że jestem najbardziej pozytywnie i optymistycznie nastawioną do życia osobą, jaką kiedykolwiek spotkała. I potrafiła rozbudzić we mnie to, co dobre. Stwierdziłem, że zależy mi na jej szczęściu bardziej niż na czymkolwiek innym.

W końcu poprosiłem ją, by przeprowadziła się do Pittsburgha. Zaproponowałem, że kupię pierścionek zaręczynowy, ale wiedziałem, że wciąż się boi i że taka propozycja może ją spłoszyć. Nie naciskałem więc, ona zaś zgodziła się zrobić pierwszy krok: przeprowadzić się do miasta i poszukać jakiegoś mieszkania.

W kwietniu załatwiłem sobie tygodniowe wykłady na Uniwersytecie Karoliny Północnej. Mogłem dzięki temu pomóc Jai spakować się, a potem przewieźlibyśmy samochodem jej rzeczy do Pittsburgha.

Kiedy zjawiłem się w Chapel Hill, Jai powiedziała mi, że musimy porozmawiać. Nigdy nie widziałem jej równie poważnej.

„Nie mogę jechać do Pittsburgha. Przykro mi" – oświadczyła.

Zastanawiałem się, o co jej chodzi. Poprosiłem o wyjaśnienia. Jej odpowiedź: „To się nigdy nie uda".

Musiałem wiedzieć dlaczego.

„Po prostu..." – zaczęła. – „Po prostu nie kocham cię tak, jak tego po mnie oczekujesz". I po chwili, dla podkreślenia, dodała: „Nie kocham cię".

Byłem przerażony i zdruzgotany. To było jak cios w brzuch. Naprawdę mówiła poważnie?

Była to dość niezręczna scena. Jai nie wiedziała, co czuje. Ja też nie wiedziałem, co czuję. Musiałem pojechać do hotelu.

„Będziesz tak miła i odwieziesz mnie czy mam wezwać taksówkę?".

Odwiozła mnie i gdy dotarliśmy na miejsce, wyjąłem swoją torbę z bagażnika, z trudem powstrzymując łzy. Gdybym mógł być jednocześnie aroganckim, pełnym optymizmu i całkowicie załamanym, to myślę, że wydusiłbym z siebie: „Posłuchaj, postaram się jakoś być szczęśliwy, i naprawdę chciałbym być szczęśliwy z tobą, ale jeśli nie mogę być z tobą szczęśliwy, to znajdę sposób, żeby być szczęśliwym bez ciebie".

Po powrocie do hotelu spędziłem większość dnia, rozmawiając przez telefon z rodzicami; powiedziałem im o murze, na jaki właśnie wpadłem. Udzielili mi niewiarygodnej rady:

„Posłuchaj" – powiedział ojciec – „nie wydaje mi się, żeby mówiła poważnie. To nie pasuje do jej dotychczasowego zachowania. Prosiłeś ją, by porzuciła wszystko i uciekła z tobą. Jest prawdopodobnie zagubiona i śmiertelnie przerażona. Jeśli nie kocha cię, to sprawa jest przegrana. A jeśli cię kocha, to miłość zwycięży".

Spytałem rodziców, co mam zrobić.

„Oferuj jej wsparcie" – poradziła mama. – „Jeśli ją kochasz, wspieraj ją".

Więc zrobiłem tak: przez cały tydzień uczyłem i siedziałem w gabinecie niedaleko pokoju Jai. Zajrzałem tam kilka razy, żeby sprawdzić, czy wszystko w porządku. „Chciałem tylko zobaczyć, co u ciebie" – mówiłem. – „Jeśli mogę coś zrobić, daj mi znać".

Kilka dni później Jai zadzwoniła.

„No cóż, Randy, siedzę tu i tęsknię za tobą; chciałabym, żebyś tu był. To daje do myślenia, prawda?".

Uświadomiła sobie w końcu: jest zakochana. Po raz kolejny moi rodzice stanęli na wysokości zadania. Miłość zwyciężyła. Z końcem tygodnia Jai przeprowadziła się do Pittsburgha.

Mury wyrastają z jakiegoś powodu. Dają nam szanse zrozumienia, jak bardzo czegoś pragniemy.

17

Nie wszystkie bajki kończą się idealnie

Jai i ja pobraliśmy się pod stuletnim dębem na trawniku pewnej słynnej rezydencji w Pittsburghu. Było to skromne przyjęcie weselne, ale lubię wielkie romantyczne deklaracje, postanowiliśmy więc zacząć nasze małżeństwo w sposób szczególny.

Nie odjechaliśmy z przyjęcia samochodem z przyczepionymi do tylnego zderzaka puszkami. Nie wsiedliśmy do zaprzężonego w konie powozu. Weszliśmy za to do gondoli ogromnego, wielobarwnego balonu, który porwał nas w chmury na oczach naszych znajomych i bliskich, machających na pożegnanie i życzących nam szczęśliwej podróży. Moment godny uwiecznienia!

Kiedy już znaleźliśmy się w gondoli, Jai promieniała. „To jak bajkowe zakończenie filmu Disneya" – zauważyła.

Potem balon, wznosząc się ku niebu, otarł się o gałęzie drzewa. Nie wyglądało to może jak katastrofa sterowca Hindenburg, ale było odrobinę niepokojące.

„Żaden problem" – uspokoił nas człowiek kierujący balonem (nazywa się go „baloniarzem"). – „Zazwyczaj przedzieramy się przez gałęzie bez szwanku".

Zazwyczaj?

Wystartowaliśmy też nieco później, niż było zaplanowane, i baloniarz powiedział, że mogą wyniknąć z tego pewne kłopoty, ponieważ się ściemnia. I zmienił się wiatr.

„Tak naprawdę nie mogę kontrolować lotu. Jesteśmy na łasce prądów powietrznych" – oświadczył. – „Ale powinno być okej".

Balon szybował nad śródmiejską częścią Pittsburgha, tam i z powrotem; w dole widzieliśmy trzy słynne rzeki tego miasta. Nasze położenie nie było zgodne z kursem, jaki obrał baloniarz, i zauważyłem, że jest zaniepokojony.

„Nie ma miejsca, gdzie mógłbym posadzić tego ptaka" – mruknął. Potem zwrócił się do nas: – „Musimy wypatrywać lądowiska".

Nowożeńcy nie podziwiali już widoków. Wszyscy troje szukaliśmy wzrokiem wielkiej otwartej przestrzeni, która mogła kryć się gdzieś pośród miejskiego krajobrazu. W końcu znaleźliśmy się nad peryferiami i baloniarz wypatrzył w dali wielkie boisko. Postanowił posadzić na nim balon.

„Powinno być dobrze" – oznajmił i zaczął szybko schodzić w dół.

Spojrzałem na pole. Wydawało się całkiem spore, ale dostrzegłem też na jego krawędzi tory kolejowe. Mój wzrok podążył za szynami. Nadjeżdżał pociąg. W tym momencie nie byłem już panem młodym. Byłem inżynierem. Powiedziałem do baloniarza: „Sir, wydaje mi się, że dostrzegam zmienną".

„Zmienną? Czy chodzi o to, co wy, faceci od komputerów, nazywacie problemem?" – spytał.

„Tak, owszem. Co będzie, jeśli trafimy w pociąg?".

Odpowiedział szczerze. Siedzieliśmy w koszu i szanse trafienia nim w pociąg były niewielkie. Jednak istniało z pewnością niebezpieczeństwo, że sam gigantyczny balon (nazywany „kopertą"), mógł spaść na tory w chwili naszego zetknięcia się z ziemią. Gdyby pędzący pociąg zaplątał się w kopertę, znaleźlibyśmy się na niewłaściwym końcu liny, w ciągnionym koszu. Oznaczałoby to nie tylko możliwe, ale wręcz prawdopodobne obrażenia cielesne.

„Kiedy wylądujemy, bierzcie nogi za pas" – poradził baloniarz.

Nie są to słowa, jakie panny młode chciałyby usłyszeć w dniu swego ślubu. Krótko mówiąc, Jai nie czuła się już jak księżniczka z filmu Disneya, ja natomiast widziałem siebie w roli bohatera filmu katastroficznego, zastanawiając się, jak mam ocalić swoją oblubienicę podczas tego kataklizmu, który zbliżał się nieubłaganie.

To zdjęcie zrobiono, zanim wsiedliśmy do balonu.

Spojrzałem w oczy baloniarza. Często polegam na ludziach z doświadczeniem, którego mnie brakuje; chciałem wiedzieć, jak on się zapatruje na tę całą sytuację. W jego twarzy dostrzegłem coś więcej niż tylko troskę. Dostrzegłem łagodną panikę. I strach. Spojrzałem na Jai. Jak dotąd, nasze małżeństwo sprawiało mi radość.

Balon schodził coraz niżej, a ja próbowałem obliczyć, jak szybko będziemy musieli wyskoczyć z gondoli i wiać. Zakładałem, że baloniarz sam sobie poradzi, a jeśli nie, to, no cóż, najpierw i tak chwyciłbym Jai. Kochałem ją. Jego dopiero poznałem.

Baloniarz cały czas spuszczał powietrze z koperty. Pociągał za wszystkie możliwe dźwignie. Chciał po prostu gdzieś wylądować, i to szybko. W tym momencie byłoby lepiej, gdyby walnął w jakiś dom zamiast w pędzący pociąg.

Podczas tego twardego lądowania koszem porządnie wstrząsnęło, podskoczył kilka razy, odbijając się od ziemi, i w końcu przechylił niemal poziomo. Po kilku sekundach pozbawiona powietrza koperta opadła majestatycznie. Na szczęście jednak ominęła pędzący pociąg. Ludzie na pobliskiej autostradzie zauważyli nasze lądowanie, zatrzymali samochody i przybiegli na pomoc. Była to niezła scena: Jai w sukni ślubnej, ja w garniturze, balon, który opadł, pełen ulgi baloniarz.

Byliśmy porządnie poobijani. Mój przyjaciel Jack śledził lot balonu ze swojego wozu, jadąc za nami. Kiedy dotarł na miejsce, nie krył radości, widząc, że wyszliśmy cało z opresji.

Przez pewien czas otrząsaliśmy się z tej przygody, która przypomniała nam, że nawet chwile jak z bajki bywają ryzykowne, podczas gdy baloniarz ładował na ciężarówkę swój sprzęt. Potem, kiedy Jack miał zabrać nas do domu, mężczyzna podbiegł do nas.

„Czekajcie, czekajcie!" – zawołał. – „Zamówiliście pakiet ślubny! Należy wam się jeszcze butelka szampana!". – Wręczył nam tani trunek, który wyjął z ciężarówki. – „Gratulacje".

Uśmiechnęliśmy się słabo i podziękowaliśmy mu. To był dopiero zmierzch naszego pierwszego dnia małżeństwa, a udało nam się dotrzeć tak daleko.

18

Kochanie,
wróciłem

Pewnego ciepłego dnia, na początku naszego małżeństwa, poszedłem do Carnegie Mellon, a Jai została w domu. Pamiętam to dokładnie, ponieważ dzień ten zyskał w naszym domostwie miano „Dnia, w którym Jai zdołała spowodować kolizję dwóch samochodów z udziałem jednego kierowcy".

Nasz minivan stał w garażu, a mój kabriolet parkował na podjeździe. Jai wycofała minivana, nieświadoma, że na jej drodze stoi inny samochód. Efekt: natychmiastowy trzask, bum, bam!

To, co potem nastąpiło, dowodzi, że chwilami żyjemy w jakimś odcinku telenoweli. Jai strawiła cały ranek na obsesyjnych rozmyślaniach, jak tu wyjaśnić wszystko mężowi, kiedy ten wróci z pracy do domu.

Pomyślała, że najlepszą metodą będzie stworzenie odpowiedniej atmosfery, która ułatwi przekazanie niepomyślnych wieści. Przede wszystkim wprowadziła oba wozy do garażu i zamknęła go starannie. Była słodsza niż zwykle, kiedy się pojawiłem w domu, i zaczęła mnie wypytywać, jak minął mi dzień. Nastawiła łagodną muzykę. Przyrządziła mi ulubiony posiłek. Nie była w negliżu – nie miałem aż tyle szczęścia – ale robiła wszystko, by odgrywać rolę idealnej, kochającej partnerki.

Kiedy nasza wspaniała kolacja zbliżała się do końca, oznajmiła: „Muszę ci coś powiedzieć, Randy. Uderzyłam jednym samochodem w drugi".

Spytałem, jak do tego doszło. Poprosiłem, żeby opisała szkody. Wyjaśniła, że kabriolet oberwał w większym stopniu, ale że mimo to oba wozy spisują się znakomicie.

„Chcesz pójść do garażu i rzucić na nie okiem?" – spytała na koniec.

„Nie" – odparłem. – „Dokończmy kolację".

Była zdumiona. Nie okazywałem gniewu. Nie wyglądałem na zmartwionego. Jak miała się niebawem dowiedzieć, moja wstrzemięźliwa reakcja miała swoje korzenie w wychowaniu, jakie odebrałem.

Po kolacji obejrzeliśmy wozy. Wzruszyłem tylko ramionami, mogłem też zauważyć, że niepokój, który Jai odczuwała przez cały dzień, ulatnia się bez śladu.

„Jutro rano wezwę rzeczoznawcę, żeby ocenił koszt napra-wy" – obiecała.

Powiedziałem, że to niepotrzebne. Można jeździć z tymi wgnieceniami. Moi rodzice wpoili mi przekonanie, że pojazdy mechaniczne są po to, by przewieźć człowieka z punktu A do punktu B. To tylko użyteczne wynalazki, nie oznaki statusu spo-łecznego. Dodałem, że nie musimy bawić się w kosmetyczne naprawy. Będziemy dalej żyć z pogiętą i podrapaną karoserią.

Jai była odrobinę zaszokowana. „Naprawdę będziemy jeździć pokiereszowanymi wozami?" – spytała.

„No cóż, musisz brać mnie takim, jaki jestem, Jai" – powie-działem. – „Doceniasz to, że się nie rozgniewałem tylko dlatego, że dwie rzeczy, które posiadamy, uległy uszkodzeniu. Oczywi-ście, negatywną stroną całej sprawy jest moje przekonanie, że nie trzeba naprawiać tego, co nadal funkcjonuje zgodnie ze swoim przeznaczeniem. Samochody wciąż są na chodzie. Możemy nimi jeździć".

Okej, zgoda, może wychodzę na dziwaka. Ale jeśli wasz śmiet-nik albo taczka mają gdzieś wgniecenie, to przecież nie kupuje-cie nowego sprzętu. Może właśnie dlatego śmietnik i taczka nie są dla nas wyrazem statusu materialnego czy tożsamości – nie są komunikatem, który przekazujemy innym. Dla mnie i Jai nasze powgniatane samochody stały się pewnym symbolem w naszym małżeństwie. Nie wszystko wymaga naprawy.

19

Historia noworoczna

Bez względu na to, jak jest kiepsko, zawsze możecie sprawić, że będzie jeszcze gorzej. I odwrotnie, często możecie sprawić, żeby było lepiej. Stać was na to. Nauczyłem się tej lekcji w sylwestra 2001 roku.

Jai była w siódmym miesiącu ciąży z Dylanem; mieliśmy przywitać rok 2002, spędzając spokojny wieczór w domu przy DVD.

Film się właśnie zaczął, gdy Jai oświadczyła: „Chyba odeszły mi wody". Ale to nie były wody. To była krew. Po chwili leciała obficie, a ja uświadomiłem sobie, że nie ma czasu nawet na wezwanie karetki. Szpital położniczy w Pittsburghu był oddalony od naszego domu o cztery minuty drogi – przy założeniu, że będę przejeżdżał przez skrzyżowania na czerwonym świetle, co zresztą robiłem.

Kiedy dotarliśmy na oddział urazowy, pojawili się lekarze, pielęgniarki i inni pracownicy – z kroplówkami, stetoskopami i formularzami ubezpieczeniowymi. Ustalono szybko, że łożysko oderwało się od ścianki macicy; nazywa się to fachowo *placenta abrupta*. W takim stanie łożyska płód tracił wspomaganie funkcji życiowych. Nie musieli nam mówić, jak poważna jest sytuacja. Zdrowie Jai i życie naszego dziecka były poważnie zagrożone.

Przez wiele tygodni ciąża nie przebiegała prawidłowo. Jai z trudem wyczuwała ruchy dziecka. Nie przybierała odpowiednio na wadze. Wiedząc doskonale, jak ważny jest w takim wypadku reżim medyczny, nalegałem, by poddała się jeszcze jednemu badaniu USG. Właśnie wtedy lekarze uświadomili sobie, że łożysko Jai nie funkcjonuje jak należy. Płód się nie rozwijał. Dlatego podali jej sterydy stymulujące rozwój płuc dziecka.

Wszystko to było dostatecznie niepokojące. Ale teraz, na oddziale urazowym, sprawy przybrały znacznie gorszy obrót.

„Pańskiej żonie grozi szok kliniczny" – poinformowała mnie pielęgniarka. Jai była przerażona. Widziałem to po jej twarzy. A ja? Też się bałem, ale starałem się zachować spokój, by ocenić sytuację.

Rozejrzałem się. Była dziewiąta wieczorem, sylwester. Nie ulegało wątpliwości, że wszyscy bez wyjątku bardziej doświadczeni lekarze i pielęgniarki poszli na noc do domu. Siłą rzeczy musiałem zakładać, że mamy do czynienia z zespołem rezerwowym. Czy ci ludzie zdołają ocalić moje dziecko i żonę?

Nie upłynęło jednak dużo czasu, nim stwierdziłem, że obecni na oddziale lekarze i pielęgniarki robią na mnie ogromne wrażenie. Jeśli stanowili zespół rezerwowy, to był on cholernie dobry. Zabrali się do rzeczy szybko i spokojnie, i było to wspaniałe. Nie dostrzegłem u nich śladu paniki. Zachowywali się tak, jakby wiedzieli, co należy robić, i to skutecznie, w każdym momencie. I mówili to, co należało mówić.

Kiedy Jai była przewożona do sali operacyjnej na cesarskie cięcie, spytała lekarkę: „Jest źle, prawda?".

Podziwiałem reakcję lekarki. Udzieliła w tym wypadku odpowiedzi idealnej: „Gdybyśmy naprawdę ulegli panice, nie kazalibyśmy podpisywać wam tych wszystkich formularzy ubezpieczeniowych, prawda?" – powiedziała do Jai. – „Nie zawracalibyśmy sobie tym głowy".

Miała rację. Zastanawiałem się, jak często posługuje się tym „papierkowym" argumentem, by uspokoić swoich pacjentów.

Tak czy inaczej jej słowa pomogły. Po chwili wziął mnie na stronę anestezjolog.

„Proszę posłuchać, czeka pana dziś w nocy pewna robota" – oznajmił. – „I jest pan jedyną osobą, która może się z tym uporać. Pańska żona jest bliska szoku klinicznego. Nawet jeśli mu ulegnie, będziemy mogli się nią zajmować, ale nie będzie to dla nas łatwe. Musi więc nam pan pomóc. Niech pan robi wszystko, żeby żona zachowała świadomość i została z nami".

Uważa się powszechnie, że mężowie pełnią istotną rolę, kiedy dziecko przychodzi na świat. „Oddychaj, kochanie. Doskonale. Cały czas oddychaj. Dobrze". Mój tata zawsze traktował tego rodzaju zachowania z przymrużeniem oka – poszedł sobie do miasta na cheeseburgery, kiedy rodziło się jego pierwsze dziecko. Mnie teraz czekało prawdziwie trudne zadanie. Anestezjolog mówił rzeczowo i spokojnie, ale wyczułem żarliwość w jego prośbie.

„Nie wiem, co powinien pan jej mówić albo jak ma pan to zrobić" – oznajmił. – „Ufam, że się pan zorientuje. Niech pan po prostu ją uspokaja, kiedy ogarnie ją strach".

Zaczęli cesarskie cięcie, a ja trzymałem Jai za rękę tak mocno, jak tylko zdołałem. Mogłem patrzeć na wszystko, ona nie. Postanowiłem mówić jej spokojnie o tym, co się dzieje. Tylko prawdę.

Wargi miała sine. Drżała. Głaskałem ją po głowie, potem trzymałem jej rękę obiema dłońmi, starając się opisywać zabieg w sposób bezpośredni i jednocześnie uspokajający. Jai, ze swej strony, starała się za wszelką cenę pozostać z nami, zachować spokój i przytomność.

„Widzę dziecko" – powiedziałem. – „Już wychodzi".

Z powodu łez nie mogła zadać mi najtrudniejszego pytania. Ale ja znałem odpowiedź.

„Rusza się".

I wtedy noworodek, nasze pierwsze dziecko, Dylan, wydał z siebie wrzask, jakiego nikt wcześniej nie słyszał. Był to krzyk mordercy, i to mrożący krew w żyłach. Pielęgniarki nie mogły powstrzymać uśmiechu. „Wspaniale" – powiedział ktoś. Wcześniaki, które rodzą się słabe, często mają w życiu kłopoty. Ale te, które zjawiają się na świecie wkurzone i rozwrzeszczane, to przyszli wojownicy. Dobrze się rozwijają.

Dylan ważył półtora kilograma. Miał głowę wielkości piłki baseballowej. Ale, dzięki Bogu, oddychał samodzielnie.

Jai była głęboko wzruszona i odprężona. Kiedy się uśmiechała, widziałem, jak jej wargi odzyskują kolor. Byłem z niej taki dumny. Jej odwaga zdumiała mnie. Czy to ja uchroniłem ją przed szokiem? Nie wiem. Ale starałem się mówić, robić i czuć wszystko, co tylko możliwe, by pozostała z nami. Starałem się nie wpadać w panikę. Może to pomogło.

Dylan został odesłany na oddział intensywnej opieki medycznej dla noworodków. Zrozumiałem z czasem, że rodzice, których dzieci tam przebywały, potrzebowali szczególnej troski i pociechy ze strony lekarzy i pielęgniarek. W tym szpitalu potrafili w sposób wspaniały przekazać jednocześnie dwie, właściwie sprzeczne, rzeczy. Zwięźle komunikowali rodzicom, że po pierwsze: wasze dziecko jest kimś szczególnym i rozumiemy, że wymaga specjalnej opieki; po drugie: nie martwcie się, mieliśmy tu do czynienia z milionem takich przypadków.

Dylan nigdy nie potrzebował respiratora, ale dzień po dniu odczuwaliśmy intensywny strach, że mu się pogorszy. Wydawało się, że jest za wcześnie, by w pełni cieszyć się z naszej nowej trzyosobowej rodziny. Kiedy jeździliśmy codziennie do szpitala, w naszych głowach kołatała się niewypowiedziana głośno myśl: czy nasz dziecko będzie żyło, kiedy tam dotrzemy?

Raz zjawiliśmy się w szpitalu i okazało się, że łóżeczko Dylana zniknęło. Jai niemal zemdlała. Czułem, jak wali mi serce. Dopadłem pierwszej pielęgniarki, jaka się tylko nawinęła, chwyciłem ją dosłownie za klapy fartucha; nie mogłem nawet sklecić jednego zdania. Z przerażenia traciłem oddech.

„Dziecko. Nazwisko Pausch. Gdzie?".

W tym momencie czułem się wycieńczony w sposób, którego nie potrafię wyjaśnić. Bałem się, że za chwilę wkroczę w jakieś ciemne i mroczne miejsce, gdzie nigdy wcześniej nie byłem zapraszany.

Ale pielęgniarka tylko się uśmiechnęła.

„Och, pańskie dziecko radzi sobie tak dobrze, że przenieśliśmy je na górę, do otwartego łóżeczka" – wyjaśniła. Do tej pory Dylan przebywał w tak zwanym „zamkniętym łóżeczku", co jest łagodniejszym synonimem inkubatora.

Odczuwając nieprawdopodobną ulgę, pognaliśmy na górę do innej sali. Był tam Dylan, który ogłaszał przeraźliwie swoje pierwsze kroki w dzieciństwo.

Narodziny Dylana uświadomiły mi na nowo, jak istotne role przychodzi nam odegrać w naszym przeznaczeniu. Jai i ja mogliśmy pogorszyć sytuację, załamując się i poddając panice. Jai mogła dostać takiej histerii, że uległaby szokowi. Ja mogłem się tak załamać, że nie byłbym w stanie pomóc w czymkolwiek na sali operacyjnej.

Wydaje mi się, że w czasie całego tego koszmaru ani razu nie powiedzieliśmy sobie klasycznego: „to nie jest sprawiedliwe". Po prostu trzymaliśmy się twardo, robiąc swoje. Zrozumieliśmy, że istnieją rzeczy, które możemy zrobić i które mogą pomóc w osiągnięciu pozytywnego rezultatu... i zrobiliśmy je. Postanowiliśmy, nie mówiąc o tym głośno, wskoczyć na siodło i popędzić przed siebie.

20

Przez pięćdziesiąt lat nikt o tym nie wiedział

Po śmierci ojca, który zmarł w 2006 roku, przeglądaliśmy jego rzeczy. Był zawsze pełen życia i to, co po sobie zostawił, wiele o nim mówiło. Znalazłem różne zdjęcia: młodego człowieka grającego na akordeonie, a także w wieku dojrzałym, w przebraniu Świętego Mikołaja (uwielbiał tę rolę), wreszcie starszego, który trzyma większego od siebie, ogromnego pluszowego niedźwiedzia. Na innej fotografii, którą zrobiono, kiedy miał osiemnaście lat, siedzi na roller coasterze z grupą dwudziestokilkulatków i ma na twarzy ten swój szeroki wspaniały uśmiech.

Przeglądając jego rzeczy osobiste, natrafiłem na kilka tajemnic, które wywołały ciepłe wspomnienia. Ojciec przechowywał jedno zdjęcie – zrobiono je chyba na początku lat sześćdziesiątych –

które przedstawia go w marynarce i krawacie, w jakimś sklepie spożywczym. W wysoko uniesionej dłoni trzyma małą papierową torebkę. Nigdy się nie dowiem, co w niej było, ale znając go, mogę się domyślać, że coś niezwykłego.

Po pracy przynosił czasem do domu małą zabawkę albo baton i wręczał z wielką pompą, robiąc z tego małe przedstawienie. Sprawiało nam ono więcej radości niż to, co chował dla nas w zanadrzu. To właśnie przypomniała mi fotografia z papierową torebką.

Ojciec zachował także plik papierów. Były wśród nich listy dotyczące jego firmy ubezpieczeniowej i dokumentacje przedsięwzięć dobroczynnych. W końcu, na samym dnie, znaleźliśmy korespondencję z roku 1945, kiedy mój ojciec był w wojsku. List ten, „pochwała za odwagę", pochodził od generała dowodzącego 75. dywizją piechoty.

2 kwietnia 1945 roku kompania, w której służył mój ojciec, została zaatakowana przez siły niemieckie; na początku bitwy ciężki ostrzał artyleryjski spowodował znaczne straty po stronie amerykańskiej. W liście napisano: „Lekceważąc całkowicie własne bezpieczeństwo, szeregowy Pausch opuścił osłonięte miejsce i zaczął opatrywać rannych, podczas gdy w bezpośredniej bliskości padały pociski. Dzięki jego sprawnemu działaniu wszyscy ranni zostali z powodzeniem ewakuowani".

W uznaniu tego czynu mój tata, wówczas dwudziestodwuletni, został odznaczony brązowym medalem za odwagę.

Mój ojciec w mundurze.

W ciągu pięćdziesięciu lat małżeństwa moich rodziców, podczas tysięcy rozmów, jakie ojciec ze mną odbył, ta sprawa nigdy się nie pojawiła. I oto, kilka tygodni po jego śmierci, otrzymałem dzięki niemu kolejną lekcję o znaczeniu poświęcenia – i o sile skromności.

21

Jai

Spytałem Jai, czego się nauczyła od chwili, gdy wykryto u mnie nowotwór. Jak się okazuje, mogłaby napisać książkę pod tytułem „Zapomnij o *Ostatnim wykładzie*; oto prawdziwa historia".

Moja żona to silna kobieta. Podziwiam jej bezpośredniość, uczciwość, gotowość mówienia mi wszystkiego wprost. Nawet teraz, kiedy do końca zostało zaledwie kilka miesięcy, staramy się traktować wzajemnie tak, jakby nic się nie stało, a nasze małżeństwo miało przed sobą jeszcze dziesiątki lat. Rozmawiamy, martwimy się, gniewamy na siebie, godzimy.

Jai mówi, że wciąż się zastanawia, jak ma ze mną postępować, ale idzie jej coraz lepiej.

„Zawsze przemawia przez ciebie naukowiec, Randy" – mówi. – „Chcesz nauki? Będziesz ją miał".

Utrzymywała swojego czasu, że miała złe przeczucie. Teraz jednak podchodzi do wszystkiego racjonalnie i logicznie.

Przykład: zamierzaliśmy odwiedzić moich bliskich w czasie minionych świąt Bożego Narodzenia, ale wszyscy mieli grypę. Jai nie chciała narażać na ryzyko infekcji ani mnie, ani dzieci. Uważałem, że powinniśmy odbyć tę podróż. Bądź co bądź, nie będę miał zbyt wielu okazji, by zobaczyć się z rodziną.

„Spróbujemy trzymać się od nich z daleka" – oznajmiłem. – „Nic się nam nie stanie".

Jai wiedziała, że potrzebuje konkretnych danych. Zadzwoniła do swojej przyjaciółki, która jest pielęgniarką. Zadzwoniła do dwóch lekarzy, którzy mieszkali na tej samej ulicy. Poprosiła ich o opinię. Powiedzieli, że nie byłoby mądrze zabierać ze sobą dzieci.

„Dysponuję obiektywnymi informacjami niezaangażowanych w sprawę autorytetów medycznych, Randy" – poinformowała mnie. – „Oto ich opinie".

Nie miałem wyjścia, musiałem ustąpić. Pojechałem na krótki pobyt do rodziny, a Jai została w domu z dziećmi (nie zaraziłem się grypą).

Wiem, co myślicie. Nie zawsze jest łatwo żyć u boku takiego naukowca jak ja.

Jai daje sobie ze mną radę, odwołując się do szczerości. Kiedy zbaczam z kursu, mówi mi o tym. Albo uprzedza: „Coś mi nie daje spokoju. Nie wiem, co to takiego. Kiedy się zorientuję, dam ci znać".

Jednocześnie, zważywszy na moją niepomyślną diagnozę, Jai przyznaje, że nauczyła się przymykać oko na pewne drobnostki. To zasugerowała nam terapeutka. Dr Reiss ma wyjątkowy dar: pomaga ludziom ułożyć na nowo życie domowe, kiedy jedno ze współmałżonków cierpi na nieuleczalną chorobę. Małżeństwa w sytuacji takiej jak nasza muszą odnaleźć drogę do „nowej normalności".

Jestem bałaganiarzem. Moje ubrania, czyste i brudne, leżą porozrzucane po całej sypialni, a umywalka w łazience jest bezustannie zapełniona. To doprowadza Jai do furii. Przed chorobą miała o to do mnie pretensje. Ale dr Reiss poradziła jej, by nie zwracała na to uwagi. Niech drobnostki nie komplikują nam życia.

Nie ulega wątpliwości, że powinienem być schludniejszy. Jestem winien Jai przeprosiny, i to nie raz. Ale przestała mieć pretensje o niezbyt istotne sprawy, które ją denerwują. Czy naprawdę chcemy spędzić nasze ostatnie wspólne miesiące, kłócąc się o to, że nie powiesiłem swoich spodni? Nie chcemy. Teraz więc Jai posyła kopniakiem moje rzeczy w kąt pokoju i przechodzi nad tym do porządku dziennego.

Jeden z naszych przyjaciół zasugerował, żeby Jai prowadziła dziennik, ona zaś twierdzi, że to pomaga. Zapisuje tam wszystko, co ją we mnie denerwuje. „Randy nie wsadził dziś wieczorem talerza do zmywarki" – napisała kiedyś. – „Zostawił go na stole i poszedł do swojego komputera". Wiedziała, że byłem zajęty i że szukałem w Internecie czegoś na temat alternatywnych terapii. Mimo wszystko naczynie na stole ją irytowało. Nie mogę jej winić. Więc napisała o tym, poczuła się lepiej, a my kolejny raz nie musieliśmy się wdawać w kłótnię.

Jai stara się skupić na każdym dniu, a nie na tych wszystkich negatywnych rzeczach, które przyniesie ze sobą przyszłość. „Nie pomoże nam to, że będziemy codziennie myśleć ze strachem o przyszłości" – mówi.

Ostatni sylwester w naszym domu był jednak dniem pełnym wzruszenia, słodkim i jednocześnie gorzkim. Wypadały akurat szóste urodziny Dylana, mieliśmy więc uroczystość. I cieszyliśmy się, że dotrwałem do Nowego Roku. Nie mogliśmy jednak zdobyć się na to, by mówić o słoniu w pokoju: o przyszłych sylwestrach beze mnie.

Tego dnia wziąłem Dylana do kina na film o wytwórcy zabawek, „Pana Magorium cudowne emporium". Przeczytałem w Internecie streszczenie fabuły, ale nie wspomniano tam, że Mr Magorium doszedł do wniosku, że czas umierać i przekazać sklep swojej asystentce. Siedziałem więc w kinie z synem na kolanach, który płakał zrozpaczony, że pan Magorium umiera (Dylan nie wie o mojej sytuacji). Gdyby moje życie było filmem, ta scena ze mną i Dylanem zostałaby zjechana przez krytyków jako typowy wyciskacz łez. Była jednak w tym filmie kwestia, która zapadła mi w pamięć. Asystentka (Natalie Portman) mówi wytwórcy zabawek (Dustin Hoffman), że nie może umrzeć; musi żyć. A on odpowiada: „Już to zrobiłem".

Później, tego samego wieczoru, kiedy zbliżał się Nowy Rok, Jai zauważyła, że jestem przygnębiony. Żeby poprawić mi nastrój, zaczęła wspominać wszystkie wspaniałe rzeczy, które wydarzyły się w ciągu minionych dwunastu miesięcy. Pojechaliśmy na romantyczne wakacje, tylko we dwoje, czego byśmy nie zrobili, gdyby mój nowotwór nie uświadamiał nam faktu, jak cenny jest czas. Patrzyliśmy, jak dzieci stają się coraz bardziej samodzielne; nasz dom wypełniała cudowna energia i mnóstwo miłości.

Jai przyrzekła, że będzie się trzymać, dla mnie i dla dzieci. „Mam cztery powody, by stawić czoło tej sytuacji i robić swoje. I tak będzie" – obiecała.

Powiedziała mi też, że najwspanialsze chwile jej dnia to te, kiedy zajmuję się dziećmi. Mówi, że twarz mi się rozjaśnia, gdy Chloe rozmawia ze mną (Chloe ma półtora roku i już posługuje się czterowyrazowymi zdaniami).

W czasie świąt Bożego Narodzenia zamieniłem ubieranie choinki w wielką przygodę. Zamiast pokazywać Dylanowi i Loganowi, jak należy to zrobić – ostrożnie i starannie – pozwoliłem im na pełną swobodę. Nie miałem nic przeciwko temu, w jaki sposób będą rozmieszczać lampki i ozdoby. Uwieczniliśmy całą tę chaotyczną scenę na wideo i Jai powiedziała, że był to „magiczny moment" i że będzie to jedno z jej ulubionych wspomnień dotyczących naszej rodziny.

***

Jai wchodzi w Internecie na strony pacjentów chorujących na raka i ich rodzin. Znajduje tam użyteczne informacje, ale nie może wytrwać przy tym zbyt długo. „Zbyt często widzę na ekranie: Walka Boba dobiegła końca. Walka Jima dobiegła końca. Nie wydaje mi się, by taka lektura mogła w czymkolwiek pomóc".

Jednak pewien przypadek skłonił ją do działania. Była to strona kobiety, której mąż chorował na raka trzustki. Planowali wakacje rodzinne, lecz przełożyli je na późniejszy termin. Mąż zmarł, zanim zdążyli cokolwiek zrobić. „Nie rezygnujcie z podróży, które zawsze chcieliście odbyć" – poradziła kobieta innym osobom w podobnej sytuacji. – „Żyjcie chwilą". Jai ślubowała sobie, że tak właśnie będzie postępować.

Poznała mieszkających w okolicy ludzi, którzy też opiekują się współmałżonkami cierpiącymi na nieuleczalną chorobę, i rozmowy z nimi bardzo jej pomagają. Jeśli musi się na mnie poskarżyć albo uwolnić się od dręczącego ją napięcia, dzięki tym spotkaniom może dać upust emocjom.

Jednocześnie próbuje się skupić na najszczęśliwszych chwilach. Starając się o jej rękę, posyłałem jej raz w tygodniu kwiaty. Wieszałem w jej gabinecie pluszowe zwierzęta. Często robiłem coś szalonego i jeśli akurat nie wzbudzało to jej strachu, była zachwycona! Ostatnio, jak wyznała, przywołuje wspomnienia Randy'ego Romantycznego, co skłania ją do uśmiechu i pomaga przetrwać chwile przygnębienia.

Jai, tak na marginesie, zrealizowała liczne ze swoich dziecięcych marzeń. Chciała mieć własnego konia (nigdy jej się to nie udało, ale dużo jeździła). Chciała pojechać do Francji (udało jej się; spędziła tam jedno lato, kiedy była w college'u). Ale przede wszystkim marzyła jako dziewczyna, że któregoś dnia będzie miała własne dzieci.

Szkoda, że zabraknie mi czasu, by pomóc jej w realizacji innych marzeń. Ale dzieci to spełnienie wspaniałego snu i przynosi nam obojgu wielką pociechę.

Kiedy rozmawiamy o lekcjach, jakich się nauczyła dzięki naszej wspólnej podróży, mówi o tym, że znaleźliśmy siłę we wzajemnym trwaniu, ramię przy ramieniu. Mówi, że potrafimy rozmawiać szczerze, od serca, i że jest za to wdzięczna. A potem mówi, że moje rzeczy leżą porozrzucane po całym pokoju i że jest to bardzo irytujące, ale zważywszy na okoliczności, macha na to ręką. A ja wiem: nim zacznie skrobać w swoim dzienniku, muszę posprzątać, bo jestem jej to winien. Spróbuję się do tego bardziej przykładać. To jedno z moich noworocznych postanowień.

22

Prawda może cię wyzwolić

Ostatnio zatrzymała mnie policja niedaleko naszego nowego domu w Wirginii. Nie zwracałem uwagi na prędkość i przekroczyłem dozwoloną szybkość o kilka mil.

„Mogę zobaczyć pańskie prawo jazdy i dowód rejestracyjny?" – spytał mnie funkcjonariusz. Podałem mu oba dokumenty, a on zauważył na moim pensylwańskim prawie jazdy adres w Pittsburghu.

„Co pan tu robi?" – spytał. – „Służy pan w wojsku?".

„Nie, nie służę" – odparłem i wyjaśniłem, że właśnie przeniosłem się do Wirginii i nie miałem jeszcze czasu przerejestrować wozu.

„Co więc tu pana sprowadza?".

Zadawał szczere bezpośrednie pytania. Nie zastanawiając się szczególnie, udzieliłem mu równie szczerej i bezpośredniej odpowiedzi: „No cóż, skoro pan pyta, to powiem, że mam nieuleczalnego raka. Zostało mi kilka miesięcy życia. Przeprowadziliśmy się tutaj, żeby być bliżej rodziny mojej żony".

Policjant przekrzywił głowę i przyjrzał mi się uważnie.

„A więc ma pan raka" – oświadczył tępo. Próbował mnie rozgryźć. Czy naprawdę umieram? Czy też kłamię? Przyglądał mi się długą chwilę. – „Wie pan, jak na człowieka, który ma przed sobą kilka miesięcy życia, wygląda pan całkiem nieźle".

Myślał sobie bez wątpienia: albo ten facet naciąga mnie jak cholera, albo mówi prawdę. A ja nie mogę tego sprawdzić.

Nie było to dla niego łatwe, ponieważ próbował zrobić coś, co było prawie niemożliwe. Starał się podać w wątpliwość moją szczerość, nie zarzucając mi przy okazji kłamstwa. Więc zmusił mnie, bym udowodnił, że mówię prawdę. Jak miałem to zrobić?

„No cóż, wiem, że wyglądam na zdrowego człowieka. To rzeczywiście ironia. Wyglądam na zewnątrz doskonale, ale w środku mam guzy". I wtedy, choć nie wiem, co mnie opętało, zrobiłem to. Podciągnąłem koszulę i odsłoniłem blizny po operacjach.

Policjant spojrzał na blizny. Popatrzył mi w oczy. Mogłem to wyczytać z jego twarzy – już wiedział, że rozmawia z umierającym człowiekiem. I, jakbym przypadkiem był najbardziej bezczelnym przestępcą, jakiego kiedykolwiek zatrzymał, nie zamierzał dłużej naciskać. Oddał mi dokumenty.

„Niech pan wyświadczy mi przysługę" – poprosił. – „Od tej chwili proszę jechać wolniej".

Straszliwa prawda pozwoliła mi uniknąć odpowiedzialności, krótko mówiąc, uwolniła mnie. Kiedy policjant zmierzał z powrotem w stronę swojego radiowozu, doznałem olśnienia. Nigdy nie byłem jedną z tych wspaniałych blondynek, które potrafią zatrzepotać rzęsami i wykręcić się od mandatu. Jechałem do domu z przepisową szybkością i uśmiechałem się jak królowa piękności.

IV

UMOŻLIWIĆ INNYM
SPEŁNIENIE ICH MARZEŃ

23

*Spędzam właśnie miesiąc miodowy,
ale jeśli mnie potrzebujesz...*

Jai wysłała mnie któregoś dnia po kilka artykułów spożywczych. Kiedy już znalazłem wszystko, co miałem kupić, przyszło mi do głowy, że wyjdę ze sklepu szybciej, jeśli skorzystam z kasy samoobsługowej. Wsunąłem kartę do czytnika, postąpiłem zgodnie z instrukcjami i sam zeskanowałem swoje produkty. Maszyna zaświergotała, zapiszczała i oznajmiła, że jestem winien 16.55$, ale nie wydała mi paragonu. Więc zacząłem całą procedurę od początku.

Po chwili dostałem dwa rachunki. Maszyna policzyła mi za zakupy dwukrotnie.

W tym momencie musiałem podjąć jakąś decyzję. Mogłem odszukać kierownika sklepu, który wysłuchałby mojej opowieści, wypełnił jakiś formularz i wsunął moją kartę do swojego czytnika, by usunąć jeden z dwóch rachunków opiewających na 16.55$. Cała ta nużąca procedura przeciągnęłaby się zapewne do dziesięciu czy piętnastu minut.

Zważywszy na fakt, że miałem przed sobą niezbyt daleką drogę, czy chciałem poświęcać te cenne minuty, by otrzymać zwrot gotówki? Nie chciałem. Czy było mnie stać na wydanie dodatkowych 16.55$? Było. Wyszedłem więc ze sklepu; wolałem mieć piętnaście minut niż szesnaście dolarów.

Przez całe życie towarzyszyła mi świadomość, że czas jest czymś skończonym. Przyznaję, że jestem przesadnie logiczny w niejednej kwestii, ale wierzę niezachwianie, że jedną z moich najbardziej użytecznych obsesji jest właściwe zarządzanie czasem. Prowadziłem na ten temat wykłady. A ponieważ osiągnąłem w tym pewną biegłość, naprawdę uważam, że udało mi się zmieścić mnóstwo życia w tym ograniczonym czasie, jaki mi dano.

Oto, co wiem:

Czasem należy ściśle zarządzać, jak pieniędzmi. Niektórzy z moich studentów traktowali z irytacją coś, co nazywali „pauschizmem", ale upierałem się przy swoim. Przestrzegając uczniów, by nie inwestowali czasu w nieistotne szczegóły, tłumaczyłem im: „To bez znaczenia, jak starannie wypolerujecie spodnią część balustrady".

Możecie zawsze zmienić swój plan, ale tylko wówczas, gdy nim dysponujecie. Żywię głęboką wiarę w celowość sporządzania starannej listy tego wszystkiego, co zamierza się zrobić. Dzięki temu można podzielić życie na małe kroki. Kiedyś umieściłem na swojej liście pozycję „dostać etat akademicki". Było to naiwne. Najbardziej użyteczna lista zawiera kolejne etapy zadania, które sobie postawiliśmy. Podobnie zachęcam Logana, by posprzątał swój pokój, podnosząc po jednej rzeczy na raz.

Zadajcie sobie pytanie: czy poświęcacie czas na właściwe rzeczy? Mogą wam przyświecać różne cele, możecie przejawiać różne zainteresowania, możecie mieć różne powody. Czy są w ogóle warte zachodu? Od dawna przechowuję wycinek z pewnej gazety wydawanej w Roanoke w Wirginii. Jest tam zdjęcie ciężarnej kobiety, która zaprotestowała przeciwko jakiejś lokalnej budowie. Martwiła się, że huk młotów pneumatycznych szkodzi jej nienarodzonemu dziecku. Oto ciekawostka: kobieta na fotografii trzyma papierosa. Gdyby troszczyła się o swoje dziecko, wiedziałaby, jak spożytkować czas, i zamiast pomstować na młoty, rzuciłaby palenie.

Opracuj dobry system katalogowania. Kiedy powiedziałem Jai, że chcę mieć w domu miejsce, gdzie mógłbym przechowywać wszystko w porządku alfabetycznym, oświadczyła, że jestem jak na jej gust zbyt obsesyjny w pewnych sprawach. Odparłem: „Przechowywanie rzeczy w porządku alfabetycznym jest lepsze niż bieganie w kółko ze słowami: wiem, że to jest niebieskie i że akurat jadłem, kiedy się tym zajmowałem".

Traktuj telefon z rezerwą. Żyję w kulturze, która zmusza mnie do trzymania słuchawki w ręku i słuchania uwag w rodzaju: „Pański telefon jest dla nas bardzo ważny". No tak, racja. Przypomina to faceta, który daje dziewczynie na pierwszej randce w twarz i mówi: „Naprawdę cię kocham". A jednak tak właśnie funkcjonuje taki czy inny dział obsługi klienta. Nie znoszę tego. Nigdy nie trzymam słuchawki przy uchu. Zawsze korzystam z zestawu głośnomówiącego, tak aby mieć wolne ręce i robić w tym czasie coś innego.

Opracowałem także techniki, które pozwalają maksymalnie skrócić nieistotne rozmowy. Jeśli siedzę, rozmawiając przez telefon, nigdy nie opieram stóp o biurko. Prawdę powiedziawszy, lepiej wtedy stać. Człowiek jest wówczas bardziej skłonny przyśpieszyć sprawę. Lubię też widzieć w takiej chwili coś, co znajduje się na moim biurku, a czym chciałbym się zająć, odczuwam więc potrzebę jak najszybszego dogadania się z rozmówcą.

W ciągu tych lat opracowałem także inne metody. Chcesz się szybko pozbyć telemarketera? Przerwij rozmowę, kiedy mówisz, a on słucha. Dojdzie do wniosku, że połączenie zostało przerwane, i zacznie wydzwaniać do kogoś innego. Chcesz odbyć z kimś krótką rozmowę? Zadzwoń do niego o 11.55, tuż przed lunchem. Będzie mówił szybko. Może sobie wyobrażasz, że jesteś interesujący, ale nie bardziej niż lunch.

Udzielaj pełnomocnictw. Jako profesor dość wcześnie się zorientowałem, że mogę powierzać bystrym dziewiętnastoletnim studentom klucze do swego królestwa, i w większości przypadków postępowali odpowiedzialnie i robili dobre wrażenie. Nigdy nie jest za wcześnie, by pozwolić komuś na samodzielne działanie. Moja córka Chloe ma zaledwie półtora roku; dwa zdjęcia, na których trzymam ją w ramionach, należą do moich ulubionych. Na pierwszym podaję jej butelkę. Na drugim widać, jak powierzyłem jej zadanie. Sprawia wrażenie zadowolonej. Ja także.

Zrób sobie przerwę w pracy. Trudno mówić o wakacjach, jeśli czytasz w tym czasie e-maile albo czekasz na wiadomości. Kiedy

spędzałem z Jai miesiąc miodowy, chcieliśmy mieć spokój. Mój
szef jednak uważał, że muszę być w jakiś sposób uchwytny. Wymyśliłem więc i nagrałem doskonałą widomość: „Cześć, tu Randy. Czekałem do trzydziestego dziewiątego roku życia, by się
ożenić, więc teraz ja i moja żona wyjeżdżamy na cały miesiąc.
Mam nadzieję, że nie sprawi ci to kłopotu. Niestety, mój szef
sądzi inaczej. Okazuje się, że muszę być osiągalny". Następnie
podałem nazwisko rodziców Jai i miasto, w którym mieszkają.
„Jeśli zadzwonisz do informacji, podadzą ci ich numer. A wówczas, jeśli zdołasz przekonać moich świeżo upieczonych teściów,
że twoja niecierpiąca zwłoki sprawa usprawiedliwia zakłócenie
miesiąca miodowego ich jedynej córki, to dysponują naszym
numerem telefonu".

Nikt do nas nie zadzwonił.

Niektóre z moich technik zarządzania czasem są śmiertelnie
poważne, a niektóre odrobinę żartobliwe. Ale przypuszczam, że
wszystkie są warte rozważenia.

Czas to wszystko, co masz. I możesz się pewnego dnia dowiedzieć, że masz go mniej, niż sądzisz.

V

CHODZI O JEDNO: JAK PRZEŻYJESZ SWOJE ŻYCIE

Niniejsza część nosi powyższy tytuł,
ale w rzeczywistości chodzi o to,
jak ja starałem się przeżyć swoje życie.
Przypuszczam, że chcę w ten sposób powiedzieć:
oto, co sprawdziło się w moim przypadku.

28

Niech twoje marzenia będą wielkie

Ludzie po raz pierwszy stanęli na Księżycu w lipcu 1969 roku, kiedy miałem osiem lat. Już wtedy wiedziałem, że wszystko jest możliwe. Było tak, jakby ludziom na całym świecie pozwolono snuć wielkie marzenia.

Spędzałem tamto lato na obozie i gdy księżycowy moduł wylądował, zostaliśmy przewiezieni do głównego domu na farmie, gdzie ustawiono telewizor. Astronauci długo się przygotowywali, nim zaczęli schodzić po drabinie i spacerować po lunarnej powierzchni. Rozumiałem to. Mieli mnóstwo sprzętu, musieli sprawdzić mnóstwo szczegółów. Czekałem cierpliwie.

Ale ludzie, którzy prowadzili ten obóz, patrzyli na zegarki. Było już po jedenastej. W końcu, podczas gdy na Księżycu podejmowano mądre decyzje, na Ziemi doszło do podjęcia wyjątkowo głupiej. Wszystkie dzieciaki odesłano do namiotów.

Byłem cholernie wkurzony na kierownictwo obozu. W głowie kołatała mi jedna myśl: rodzaj ludzki oderwał się od swojej planety i wylądował po raz pierwszy w nowym świecie, a wy się martwicie o wypoczynek nocny?

Ale kiedy wróciłem po kilku tygodniach do domu, okazało się, że tata zrobił zdjęcie naszego telewizora w chwili, gdy Neil Armstrong postawił stopę na Księżycu. Uwiecznił dla mnie ten moment, wiedząc, że może on skłonić do wielkich marzeń. Wciąż przechowujemy to zdjęcie w naszym albumie.

Rozumiem argumenty tych, którzy twierdzą, że miliardy dolarów wydanych na księżycową wyprawę mogły dopomóc

Lądowanie na Księżycu w naszym telewizorze,
dzięki uprzejmości mojego ojca.

w walce z ubóstwem i głodem na Ziemi. Owszem, ale jestem naukowcem i uważam inspirację za najdoskonalsze narzędzie czynienia dobra.

Kiedy walczysz z biedą za pomocą pieniędzy, mogą one mieć wielką wartość, ale jakże często przynoszą skutek marginalny. Kiedy ludzie lądują na Księżycu, inspiruje to nas do wykorzystania maksymalnego potencjału ludzkiego, dzięki czemu pewnego dnia zostaną rozwiązane nasze największe problemy.

Pozwól sobie marzyć. Podsycaj także marzenia swoich dzieci. Może się zdarzyć, że będą musiały położyć się nieco później niż zwykle.

29

Szczerość jest lepsza niż bycie na bieżąco

W każdej sytuacji wolę osobę szczerą od osoby, która jest na bieżąco, ponieważ bycie na bieżąco ma krótki żywot. Szczerość jest długoterminowa.

Szczerość bywa wysoce niedoceniana. To sam rdzeń, podczas gdy bycie na bieżąco to tylko powierzchnia zewnętrzna, która ma robić wrażenie.

Ludzie „na bieżąco" uwielbiają parodie. Ale nie istnieje coś takiego jak ponadczasowa parodia, prawda? Mam więcej szacunku dla szczerego faceta, który robi coś, co może przetrwać pokolenia, i to właśnie ludzie udawani pragną za wszelką cenę sparodiować.

Kiedy myślę o kimś, kto jest szczery, to staje mi przed oczami skaut, który pracuje ciężko, by zdobyć wszystkie dwadzieścia jeden sprawności. Kiedy prowadziłem rozmowy wstępne z ludźmi, którzy chcieli dla mnie pracować, i trafiałem na kogoś, kto jako skaut zaszedł tak daleko, to niemal zawsze próbowałem go zatrudnić. Wiedziałem, że ma w sobie szczerość, która przeważa wszelkie sztuczne pragnienia bycia na bieżąco.

Pomyślcie o tym. Zdobycie tych wszystkich skautowskich sprawności to chyba jedyne, co robiło się w wieku czternastu lat, a co można umieścić w swoim résumé w wieku lat pięćdziesięciu – i wciąż budzi podziw (pomimo ogromnych wysiłków, jeśli chodzi o szczerość, nigdy nie udało mi się zdobyć tych dwudziestu jeden sprawności).

Moda, tak przy okazji, to komercja przebrana za chęć bycia na bieżąco. W ogóle nie interesuję się modą, co tłumaczy, dlaczego

Moja garderoba się nie zmieniła.

rzadko kupuję sobie nowe ubrania. Fakt, że moda wychodzi z mody, a potem znów jest w modzie, i tylko dlatego, że kilkoro żyjących gdzieś ludzi uważa, że coś można sprzedać... no cóż, uważam to za obłęd.

Moi rodzice nauczyli mnie rzeczy następującej: kupujesz sobie nowe rzeczy, kiedy stare się zniszczą. Każdy, kto widział, co miałem na sobie podczas ostatniego wykładu, wie, że wziąłem sobie tę radę do serca!

Moja garderoba dalece odbiega od tego, co „się nosi". Jest czymś w rodzaju szczerości. Służy mi doskonale.

30

*Wywieszanie
biatej flagi*

Moja matka zawsze mówi na mnie „Randolph".

Wychowywała się na małej farmie mlecznej w Wirginii, w czasach wielkiego kryzysu, zastanawiając się nieraz, czy wystarczy jedzenia na kolację. Wybrała dla mnie Randolpha, ponieważ wydawało się, że jest to imię, jakie może nosić mieszkaniec Wirginii z klasy wyższej. I być może dlatego odrzucałem je i nie znosiłem go. Kto chciałby mieć takie imię?

A jednak matka upierała się przy nim. Jako dziesięciolatek sprzeciwiałem się jej.

„Naprawdę uważasz, że twoje prawo nadania mi imienia przewyższa moje prawo do własnej tożsamości?".

„Tak, Randolph, tak właśnie uważam" – odparła.

Randolph   Virginia 1965

Mama i ja, na plaży.

No cóż, przynajmniej wiedzieliśmy, na czym stoimy!

Już zanim poszedłem do college'u, miałem tego serdecznie dość. Przysyłała mi listy zaadresowane „Randolph Pausch". Pisałem na kopercie „adresat nieznany" i odsyłałem korespondencję, nawet jej nie otwierając.

W wielkim akcie kompromisu moja mama zaczęła adresować listy „R. Pausch". Te otwierałem. Jednak, kiedy rozmawialiśmy przez telefon, wracała do starej formy. „Randolph, dostałeś nasz list?".

Teraz, po tych wszystkich latach, poddałem się. Tak bardzo doceniam to, co moja matka zrobiła w wielu innych sprawach, że jeśli chce obarczać mnie niepotrzebnym dodatkiem

„olpch", ilekroć się spotykamy, z radością to znoszę. Życie jest za krótkie.

W jakiś sposób, z upływem czasu, wraz z pojawieniem się ostatecznych i nieodwołalnych terminów, jakie narzuca życie, ustępowanie stało się czymś słusznym.

31

Zawrzyjmy układ

Kiedy uczęszczałem na studium podyplomowe, nabrałem – siedząc przy kolacji – nawyku huśtania się na krześle. Robiłem to, ilekroć odwiedzałem dom rodziców, a moja matka bezustannie mnie strofowała. „Randolph, złamiesz to krzesło!" – powtarzała.

Lubiłem odchylać się do tyłu. Było mi wygodnie, a krzesło najwyraźniej funkcjonowało doskonale na dwóch nogach. Tak więc, przy każdym posiłku odchylałem się, a matka mnie strofowała. Pewnego dnia oświadczyła: „Przestań się kołysać na tym krześle. Mówię ci po raz ostatni!".

Uznałem, że jest to coś, na co mogę przystać. Zaproponowałem więc, byśmy zawarli umowę – rodzicielsko-synowski kontrakt na piśmie. Jeśli połamię krzesło, będę musiał zapłacić nie za sam mebel... ale, w ramach odszkodowania, za cały komplet w jadalni (wymiana jedynie krzesła od liczącego dwadzieścia jeden lat kompletu byłaby niemożliwa). Ale, dopóki tego nie zrobię, matka nie będzie mnie strofować.

Oczywiście miała rację; nogi krzesła były zbytnio przeciążone. Jednak obydwoje doszliśmy do wniosku, że dzięki tej umowie unikniemy wszelkich kłótni. Miałem wziąć na siebie odpowiedzialność w przypadku wyrządzenia szkody. Matka natomiast mogła powiedzieć: „Powinieneś zawsze mnie słuchać" – gdyby jedna z nóg nie wytrzymała.

Krzesło nigdy się nie złamało. I nadal, ilekroć odwiedzam dom rodzicielski, nasza umowa obowiązuje. Nie dochodzi do żadnych sporów. Co więcej, zmienił się charakter sytuacji. Nie powiem, by mama zachęcała mnie do huśtania się na krześle, ale sądzę, że od dawna pragnie mieć nowy komplet w jadalni.

32

Nie narzekaj,
po prostu pracuj ciężej

Zbyt wielu ludzi przechodzi przez życie, narzekając na swoje problemy. Zawsze uważałem, że gdyby człowiek spożytkował jedną dziesiątą energii potrzebnej na narzekanie i wykorzystał ją do rozwiązania problemu, to byłby zdumiony faktem, jak łatwo poradzić sobie z pewnymi sprawami.

Znałem kilkoro wspaniałych ludzi, którzy nigdy się na nic nie skarżyli. Jednym z nich był Sandy Blatt, właściciel domu, od którego wynajmowałem mieszkanie, kiedy uczęszczałem na studium podyplomowe. Jeszcze jako młody człowiek został pchnięty przez ciężarówkę, kiedy ją rozładowywał i znosił pakunki do piwnicy. Zleciał na sam dół, uderzając o stopnie plecami. „Jak było wysoko?" – spytałem. „Dość wysoko" – odparł zwięźle. Przez resztę życia cierpiał na porażenie czterokończynowe.

Sandy był wcześniej fenomenalnym lekkoatletą i w chwili wypadku, jako człowiek zaręczony, planował ślub. Nie chciał być ciężarem dla swojej narzeczonej, więc powiedział jej: „Nie pisałaś się na coś takiego. Zrozumiem, jeśli zechcesz się wycofać. Możesz odejść bez wyrzutów sumienia". I odeszła.

Poznałem Sandy'ego, kiedy był już po trzydziestce, i jego postawa zrobiła na mnie ogromne wrażenie. Roztaczał wokół siebie niesamowitą aurę człowieka, który nigdy nie skarży się na los. Pracował ciężko i zdobył uprawnienia doradcy małżeńskiego. Ożenił się i adoptował dzieci. A kiedy mówił o swojej sytuacji zdrowotnej, robił to od niechcenia, jakby chodziło o coś zwykłego. Kiedyś mi wyjaśnił, że ludzie z porażeniem czterokończynowym ciężko znoszą zmiany temperatury, ponieważ nie mogą się trząść. „Podaj mi ten koc, Randy" – mówił. I to było wszystko.

Jeśli chodzi o takich ludzi, moim faworytem jest być może Jackie Robinson, pierwszy Afroamerykanin, który grał w narodowej lidze baseballu. Doświadczył rasizmu, o jakim nawet się nie śniło wielu młodym ludziom żyjącym w dzisiejszych czasach. Wiedział, że musi grać lepiej niż biali i pracować ciężej od nich. I tak właśnie robił. Przysiągł sobie, że nie będzie narzekał, nawet gdyby kibice na niego pluli.

W moim gabinecie wisiało zdjęcie Jackiego Robinsona i za-
smucał mnie fakt, że tak wielu studentów nie potrafiło go ziden-
tyfikować albo wiedziało o nim bardzo mało. Niektórzy nawet
nie dostrzegali tej fotografii. Młodzi ludzie, wychowani na kolo-
rowej telewizji, nie patrzą z reguły na czarno-białe obrazy.

Szkoda. Nie ma lepszych wzorców niż ludzie tacy, jak Jackie
Robinson i Sandy Blatt. Przesłanie, jakie niosą ze sobą ich historie, brzmi następująco: narzekanie nie sprawdza się jako strate-
gia. Wszyscy dysponujemy ograniczonym czasem i energią. Ilekroć żalimy się na swój los, nie pomoże nam to osiągnąć naszych
celów. I nie uszczęśliwi nas.

33

Trzeba leczyć chorobę, nie objawy

Przed wielu laty chodziłem z uroczą młodą kobietą, która miała kilka tysięcy dolarów długu. Odczuwała z tego powodu ogromny stres. Co miesiąc suma rosła o określony procent.

By radzić sobie z depresją, w każdy wtorek wieczorem uczestniczyła w zajęciach z jogi i medytacji. Był to jej jedyny wolny wieczór i dziewczyna uważała, że to jej pomaga. Siedziała na tych zajęciach i wciągała w płuca powietrze, wyobrażając sobie, że znajduje sposób, jak pozbyć się długu. Potem wydychała powietrze, wmawiając sobie, że pewnego dnia jej problemy z pieniędzmi się skończą.

I tak to trwało, mijał wtorek za wtorkiem.

W końcu, pewnego dnia przejrzeliśmy jej finanse. Doszedłem do wniosku, że gdyby we wtorkowe wieczory, przez cztery czy pięć miesięcy pracowała na pół etatu, to w końcu udałoby się jej spłacić cały dług.

Powiedziałem jej, że nie mam nic przeciwko jodze czy medytacji, ale uważam, że lepiej jest zająć się najpierw chorobą. Objawami były w tym wypadku stres i niepokój, a chorobą pieniądze, które miała zwrócić.

„Może byś tak załatwiła sobie jakąś pracę we wtorki wieczorem i na jakiś czas darowała sobie jogę?" – zasugerowałem.

Było to dla niej coś w rodzaju objawienia. Wzięła sobie moją radę do serca. Zaczęła pracować we wtorki jako kelnerka i dość szybko spłaciła dług. Potem mogła wrócić do jogi i naprawdę oddychać swobodnie.

34

Nie traktuj obsesyjnie tego, co ludzie o tobie myślą

Przekonałem się, że wielu ludzi zamartwia się przez znaczną część dnia tym, co inni o nich myślą. Gdyby nikt nie przejmował się tym, co inni mają w głowach, to bylibyśmy o 33 procent skuteczniejsi w życiu codziennym i w pracy.

Skąd te 33 procent? Jestem naukowcem. Lubię dokładne liczby, nawet jeśli nie zawsze potrafię dowieść ich pochodzenia. Przyjmijmy więc te 33 procent za dobrą monetę.

Zawsze mówiłem wszystkim, którzy pracowali w mojej grupie badawczej: „Nigdy nie martw się tym, co o tobie myślę. Dobrze czy źle, powiem ci, co mi siedzi w głowie".

Oznaczało to, że gdy byłem z czegoś niezadowolony, mówiłem o tym głośno, często wprost i nie zawsze taktownie. Ale, jeśli sprawy przedstawiały się pozytywnie, mogłem zapewnić ludzi: „Jeśli nic nie mówię, to nie masz się czym martwić".

Studenci i koledzy z uczelni docenili to i nie marnowali czasu na obsesyjne pytania w rodzaju: „Co Randy sobie myśli?". Ponieważ w większości wypadków myślałem w ten sposób: „Mam w swoim zespole ludzi, którzy są o 33 procent bardziej skuteczni niż ktokolwiek inny". Oto, co siedziało mi w głowie.

36

Szukaj w innych tego, co najlepsze

Jest to piękna rada, którą kiedyś otrzymałem od Jona Snody'ego, mojego bohatera z Disney Imagineering. Byłem naprawdę poruszony tym, jak ją wyraził: „Jeśli będziesz czekał dostatecznie długo" – powiedział – „ludzie zaskoczą cię i zrobią na tobie wrażenie".

Jego przekonanie: kiedy ludzie budzą w tobie niezadowolenie, kiedy doprowadzają cię do gniewu, dzieje się tak dlatego, że być może nie dałeś im dość czasu.

Jon uprzedził mnie, że wymaga to czasem ogromnej cierpliwości – nawet lat. „Ale w końcu pokażą się od dobrej strony. Niemal każdy ma jakąś dobrą stronę. Po prostu czekaj. W końcu ta dobra strona się objawi".

37

Zwracaj uwagę na to, co robią, nie na to, co mówią

Moja córka ma półtora roku, nie mogę więc powiedzieć jej tego teraz, ale kiedy będzie dostatecznie duża, chcę, żeby Chloe uświadomiła sobie coś, co powiedziała mi kiedyś pewna koleżanka na uczelni. Jest to dobra rada dla wszystkich młodych pań w każdym miejscu. Prawdę mówiąc, jest to najlepsza rada, jaką kiedykolwiek słyszałem. Koleżanka powiedziała mi: „Długo to trwało, ale w końcu doszłam do tego. Jeśli chodzi o mężczyzn, którzy są tobą romantycznie zainteresowani, rzecz jest w gruncie rzeczy prosta. Ignoruj wszystko, co mówią, a zwracaj uwagę tylko na to, co robią".

To wszystko. Przesłanie dla Chloe.

I kiedy o tym myślę, to przychodzi mi do głowy, że któregoś dnia ta rada może bardzo się przydać także Dylanowi i Loganowi.

40

Przyciąganie uwagi

Wielu spośród moich studentów było niewiarygodnie inteligentnymi ludźmi. Wiedziałem, że wkroczą w świat pracy zawodowej i stworzą wspaniałe programy komputerowe, projekty animacyjne i urządzenia służące rozrywce. Wiedziałem też, że posiadają ogromny potencjał, który sprawi, że będą po drodze budzić niezadowolenie milionów ludzi.

Ci z nas, którzy są inżynierami i informatykami, nie zawsze zastanawiają się nad tym, jak tworzyć rzeczy tak, by były proste w użyciu. Często mamy ogromne problemy z wyjaśnieniem skomplikowanych założeń w przystępny sposób. Czytaliście kiedykolwiek instrukcję obsługi magnetowidu? Przeżyliście więc frustrację, o której tu mówię.

Dlatego właśnie chciałem wpoić swoim studentom, że myślenie o końcowych użytkownikach ich produktów jest tak istotne. Zastanawiałem się, jak w jasny sposób dać im do zrozumienia, że nie powinno się tworzyć technologii, która rodzi niezadowolenie, i że jest to niezwykle ważne. Wymyśliłem niezawodny sposób, by wbić im to do głowy.

Kiedy prowadziłem na Uniwersytecie Wirginii zajęcia z „interfejsu użytkownika", pierwszego dnia przyniosłem ze sobą magnetowid. Postawiłem go na swoim biurku. Potem wyjąłem ciężki młotek. I rozwaliłem urządzenie. Następnie oświadczyłem: „Kiedy tworzymy coś, co trudno obsługiwać, ludzie się denerwują. Ogarnia ich taki gniew, że mają ochotę to zniszczyć. Nie chcemy tworzyć rzeczy, które ludzie będą chcieli rozwalić".

Studenci patrzyli na mnie, a ja widziałem, że są zaszokowani, zdumieni i trochę rozbawieni. Wszystko to wydawało im się ekscytujące. Myśleli sobie: „Nie wiem, kim jest ten facet, ale na pewno przyjdę jutro na jego zajęcia, żeby się przekonać, co jeszcze wykręci".

Nie ulega wątpliwości, że przyciągnąłem ich uwagę. Jest to zawsze pierwszy krok na drodze rozwiązania ignorowanego problemu (kiedy odchodziłem z uniwersytetu do Carnegie Mellon, mój przyjaciel i wykładowca, Gabe Robins, dał mi młotek z plakietką, na której widniały słowa: „Tak wiele magnetowidów, a tak mało czasu!").

42

Lojalność to ulica dwukierunkowa

Dennis Cosgrove był moim studentem na Uniwersytecie Wirginii na początku lat dziewięćdziesiątych i zrobił na mnie ogromne wrażenie. Spisywał się wspaniale w moim laboratorium komputerowym. Był jednocześnie asystentem na kursie systemów operacyjnych. Robił studia podyplomowe. I miał doskonałe oceny.

No cóż, dotyczyło to większości zajęć. Jeśli chodzi o analizę matematyczną, był studentem, który otrzymywał oceny niedostateczne. Tak bardzo skupiał się na kursach komputerowych, na pracy asystenta i badaniach w moim laboratorium, że przestał uczęszczać na zajęcia z analizy matematycznej.

Jak się okazało, był to bardzo poważny problem, ponieważ nie pierwszy raz kończył semestr z najlepszymi ocenami i jedną niedostateczną.

Nowy semestr trwał już od dwóch tygodni, kiedy osobliwe wyniki Dennisa zwróciły uwagę pewnego dziekana. Wiedział, że Dennis jest bardzo inteligentny; widział wyniki jego egzaminu sprawdzającego zdolności naukowe kandydata na studia. Uważał, że złe oceny to w tym wypadku wynik postawy, nie braku zdolności. Chciał usunąć Dennisa z uczelni, ja natomiast wiedziałem, że chłopak nigdy wcześniej nie usłyszał nawet słowa ostrzeżenia. Co więcej, doskonałe oceny nie pozwalały go nawet zawiesić. Mimo to dziekan przywołał jakąś rzadko stosowaną zasadę, która przesądzała sprawę. Postanowiłem stanąć w obronie swojego studenta. „Proszę posłuchać" – powiedziałem dziekanowi. – „Dennis to rakieta bez stateczników. Jest gwiazdą w moim laboratorium. Jeśli wyrzucimy go teraz, zaprzeczymy wszystkiemu, po co tu jesteśmy. A jesteśmy tu po to, żeby uczyć, pielęgnować talenty. Wiem, że Dennis zajdzie daleko. Nie możemy go tak po prostu wywalić".

Dziekan nie krył rozczarowania moją postawą. W jego przekonaniu byłem młodym profesorem, który zachowuje się arogancko.

Stałem się jeszcze bardziej arogancki. Postanowiłem działać taktycznie. Zaczął się właśnie nowy semestr. Uniwersytet przyjął od Dennisa czesne. Uważałem, że jest to jednoznaczne z decyzją o pozostawieniu go na studiach. Gdybyśmy wyrzucili go przed początkiem semestru, mógłby się starać o przyjęcie na jakąś inną uczelnię. Teraz było na to za późno.

Spytałem dziekana: „Co będzie, jeśli wynajmie adwokata? Może się zdarzyć, że będę zeznawał na korzyść Dennisa. Chce pan, żeby jeden z pracowników naukowych zeznawał przeciwko uniwersytetowi?".

Dziekan nie krył zaskoczenia.

„Jest pan tylko młodszym pracownikiem naukowym" – oznajmił. – „Nie otrzymał pan nawet stałego etatu. Po co się pan wychyla i robi z tego swoją krucjatę?

„Powiem panu, dlaczego" – odparłem. – „Chcę poręczyć za Dennisa, ponieważ w niego wierzę".

Dziekan długo mi się przyglądał.

„Będę o tym pamiętał, kiedy przyjdzie czas, by dać panu stały etat" – powiedział.

Innymi słowy, gdyby Dennis ponownie zawalił sprawę, moja umiejętność oceny sytuacji zostałaby poważnie zakwestionowana.

„Umowa stoi" – oświadczyłem dziekanowi, a Dennis pozostał na uczelni.

Zdał egzamin z analizy matematycznej, przyniósł nam wszystkim dumę, a po studiach zrobił karierę w informatyce. Od tamtej pory stanowi część mojego życia i moich dokonań. Prawdę mówiąc, był jednym z wczesnych ojców projektu Alice. Jako jego autor wykonał przełomową pracę, która uczyniła system wirtualnej rzeczywistości bardziej przystępnym dla młodych ludzi.

Wstawiłem się za Dennisem, kiedy miał dwadzieścia jeden lat. Teraz, w wieku trzydziestu siedmiu, on wstawi się za mną. Powierzyłem mu zadanie, jakim jest kontynuacja Alice w przyszłości, kiedy badacze będą opracowywać i wdrażać moją zawodową spuściznę.

Dawno temu umożliwiłem Dennisowi spełnienie marzeń, kiedy tego potrzebował... a teraz, gdy ja tego potrzebuję, on umożliwi spełnienie moich.

43

Rozwiązanie: piątkowy wieczór

Dostałem stały etat na uczelni o rok wcześniej, niż dzieje się to zwykle w przypadku innych ludzi. Młodsi pracownicy naukowi byli pod wrażeniem.

„Rany, wcześnie dostałeś etat" – mówili mi. – „Na czym polegał twój sekret?".

Odpowiadałem: „To bardzo proste. Zadzwońcie do mnie do gabinetu w jakikolwiek piątkowy wieczór o dziesiątej, a powiem wam". (Oczywiście, nie miałem wtedy jeszcze rodziny).

Mnóstwo ludzi chce iść na skróty. Uważam, że najlepszy skrót jest najdłuższą drogą, co zawiera się w dwóch słowach: ciężka praca.

Uważam, że jeśli człowiek poświęca na pracę więcej godzin niż inni, to w tym czasie lepiej poznaje swój fach. To sprawia, że jest skuteczniejszy, sprawniejszy, nawet szczęśliwszy. Ciężka praca to jak odsetki łączne w banku. Kapitał rośnie szybciej.

To samo dotyczy świata pozazawodowego. Przez całe dorosłe życie kusiło mnie, by pytać wieloletnie małżeństwa, jak udało im się pozostać ze sobą tak długo. Wszyscy odpowiadali tak samo: „Ciężko nad tym pracowaliśmy".

45

Wysyłaj miętówki

Do moich obowiązków akademickich należało między innymi recenzowanie. Oznaczało to, że musiałem prosić innych profesorów, by czytali gęsto zapisane stronice prac badawczych i recenzowali je. Bywa, że jest to nudne, usypiające zajęcie. Wpadłem więc na pewien pomysł. Każdą pracę, którą należało zrecenzować, posyłałem razem z pudełkiem miętówek. „Dziękuję, że się zgodziłeś to zrobić" – pisałem. – „Załączone miętówki to twoja nagroda za wysiłek. Ale nie zjadaj ich, dopóki nie zrecenzujesz pracy".

Czytając to, ludzie się uśmiechali. A ja nigdy nie musiałem ich ponaglać. Trzymali pudełko z miętówkami na biurkach. Wiedzieli, co mają zrobić.

Oczywiście, czasem musiałem posyłać im e-mail z przypomnieniem. Wystarczało jednak wtedy tylko jedno zdanie: „Zjadłeś już miętówki?".

Przekonałem się, że miętówki to wspaniałe narzędzie komunikacji. Są także słodką nagrodą za dobrze wykonaną pracę.

Student po prostu „ręczył", że z nikim na ten temat nie rozmawiał, i zdawał tak, jak pozostali.

Ludzie kłamią z różnych powodów, często dlatego, że – jak im się wydaje – jest to dobry sposób, by zdobyć tanim kosztem coś, czego pragną. Ale, jak w przypadku wielu krótkoterminowych strategii, jest to na dłuższą metę nieskuteczne. Spotykasz potem kogoś, kogo okłamałeś, i on to pamięta. I opowiada o tym wielu ludziom. To właśnie najbardziej mnie zdumiewa w przypadku kłamstwa. Ludzie, którzy skłamali, na ogół sądzą, że ujdzie im to na sucho... podczas gdy w rzeczywistości dzieje się inaczej.

49

Nie rozstawaj się ze swoim pudełkiem kredek

Ludzie, którzy mnie znają, skarżą się czasem, że widzę wszystko w czerni lub bieli. Prawdę mówiąc, jeden z moich kolegów mówi ludziom: „Idź do Randy'ego, jeśli potrzebujesz czarno-białej rady. Ale jeśli potrzebujesz szarej, to trafiłeś na niewłaściwego faceta".

Okej. Przyznaję się do winy, zwłaszcza w odniesieniu do czasów młodości. Mawiałem wtedy, że moje pudełko z kredkami zawiera tylko dwa kolory: czarny i biały. Chyba dlatego tak bardzo kocham komputery; niemal wszystko jest tam albo fałszywe, albo prawdziwe.

Jednak, w miarę jak przybywało mi lat, nauczyłem się doceniać fakt, że przyzwoite pudełko kredek może zawierać więcej niż tylko dwa kolory. Ale wciąż uważam, że jeśli człowiek żyje w sposób właściwy, to zużyje czerń i biel prędzej niż barwy o mniej wyrazistym odcieniu.

Tak czy inaczej, bez względu na kolor, kocham kredki. Na ostatni wykład przyniosłem ich kilkaset. Chciałem, by każdy, wchodząc do sali, dostał jedną, ale w tym całym zamieszaniu zapomniałem powiedzieć ludziom stojącym w drzwiach, żeby je rozdawali. Żałuję. Mój plan był taki: mówiąc o dziecięcych marzeniach, poprosiłbym wszystkich, żeby zamknęli oczy i pocierali palcami kredki – by wyczuć ich fakturę. Następnie kazałabym im przysunąć kredkę do nosa i wciągnąć głęboko w nozdrza powietrze. Wąchanie kredki to powrót do dzieciństwa, prawda?

Widziałem kiedyś, jak jeden z moich kolegów odbywał podobny rytuał z grupą ludzi, i to mnie zainspirowało. Od tej pory noszę często kredkę w kieszeni koszuli. Kiedy pragnę cofnąć się w czasie, przytykam ją do nosa i się zaciągam.

Mam słabość do czarnej i białej kredki, ale taka już moja natura. Każdy kolor ma tę samą siłę oddziaływania. Weźcie głęboki wdech. Sami się przekonacie.

50

Solniczka i pieprzniczka za 100 tys. $

Kiedy miałem dwanaście lat, a moja siostra czternaście, nasza rodzina wybrała się do Disneylandu w Orlando. Rodzice uznali, że jesteśmy dostatecznie dużymi dziećmi, by pospacerować sobie po parku bez ich nadzoru. W tamtych czasach, przed epoką komórek, mama i tata powiedzieli nam, żebyśmy uważali, wyznaczyli miejsce, gdzie się spotkamy za półtorej godziny, a potem pozwolili nam ruszyć w dal.

Wyobraźcie sobie, jaka to była dla nas frajda! Znaleźliśmy się w najbardziej niesamowitym miejscu, jakie tylko można sobie wyobrazić, i cieszyliśmy się swobodą, która pozwalała nam odkrywać ten nieznany ląd na własną rękę. Byliśmy też ogromnie wdzięczni rodzicom, że nas tam zabrali i że uznali za wystarczająco dojrzałych, byśmy mogli obyć się bez ich opieki. Postanowiliśmy więc im podziękować, kupując za kieszonkowe jakiś prezent.

Weszliśmy do sklepu i znaleźliśmy coś, co wydawało się nam idealnym podarkiem: ceramiczny pojemnik na pieprz i sól w kształcie dwóch niedźwiedzi wiszących na drzewie; jeden trzymał pieprzniczkę, drugi solniczkę. Zapłaciliśmy dziesięć dolarów, wyszliśmy ze sklepu i ruszyliśmy główną aleją parku w poszukiwaniu następnej atrakcji.

To ja trzymałem prezent i w jakimś koszmarnym momencie wysunął mi się z dłoni. Stłukł się od razu. Oboje zaczęliśmy płakać.

Jakaś kobieta zobaczyła, co się stało, i podeszła do nas. „Zanieście to z powrotem do sklepu" – poradziła. – „Jestem pewna, że dadzą wam drugi pojemnik".

„Nie mogę tego zrobić" – odparłem. – „To była moja wina. Ja go upuściłem. Z jakiej racji mieliby dać nam drugi?".

„Mimo wszystko spróbujcie" – powiedziała kobieta. – „Nigdy nie wiadomo.

Poszliśmy więc z powrotem do sklepu... i nie skłamaliśmy. Wyjaśniliśmy, co się stało. Sprzedawcy wysłuchali naszej smutnej historii, uśmiechnęli się do nas... i oznajmili, że możemy dostać nowy pojemnik na sól i pieprz. Przyznali nawet, że to była ich wina, ponieważ nie opakowali go dostatecznie starannie! Ich przesłanie zawierało się w słowach: „Nasze opakowania powinny wytrzymać upadek z wysoka, spowodowany nadmierną ekscytacją dwunastolatka".

Byłem zszokowany. Ogarnęła mnie nie tyle wdzięczność, ile niedowierzanie. Wyszliśmy ze sklepu całkowicie oszołomieni. Kiedy moi rodzice dowiedzieli się o tym incydencie, Disneyland naprawdę urósł w ich oczach. Co więcej, jedna decyzja, podjęta przez pracowników parku i dotycząca pojemnika za dziesięć dolarów, przyniosła Disneyowi zysk w wysokości ponad 100 tys.$.

Pozwólcie, że to wyjaśnię.

Wiele lat później, już jako konsultant w Disney Imagineering, rozmawiałem nieraz z ludźmi na najwyższych stanowiskach i gdy tylko mogłem, opowiadałem im historię pojemnika na pieprz i sól.

Wyjaśniałem, jak sprzedawcy w tym sklepie z pamiątkami sprawili, że oboje z siostrą poczuliśmy się tak dobrze w Disneylandzie, a moi rodzice zaczęli – na całkowicie innym poziomie – doceniać tę instytucję.

Rodzice traktowali wizyty w Disneylandzie jako nieodłączną część swojej pracy społecznej. Mieli autobus z dwudziestoma dwoma miejscami i wozili nim do parku studentów z Maryland, dla których angielski był drugim językiem. Przez ponad dwadzieścia lat mój tata kupił bilety dziesiątkom dzieciaków, dzięki czemu mogły obejrzeć Disneyland. Uczestniczyłem w większości tych wycieczek.

Łącznie, począwszy od tamtego dnia, moja rodzina wydała ponad sto tysięcy dolarów na bilety, jedzenie i pamiątki dla siebie i innych.

Kiedy opowiadam dziś tę historię szefom Disneya, zawsze kończę pytaniem: „Gdybym wysłał do jednego z waszych sklepów swoje dziecko ze stłuczonym pojemnikiem na sól i pieprz, to czy wasza polityka pozwalałaby sprzedawcy być tak miłym i wymienić ten przedmiot na nieuszkodzony?". Szefowie wiercą się niespokojnie, słysząc te słowa. Znają odpowiedź: prawdopodobnie nie.

Dlatego ich system księgowania nie pozwala obliczyć, jakim cudem pojemnik na sól i pieprz wart dziesięć dolarów mógł przynieść zysk w wysokości stu tysięcy. I łatwo sobie wyobrazić, że w dzisiejszych czasach dziecko nie miałoby szczęścia i zostało odesłane ze sklepu z pustymi rękami.

Moje przesłanie jest następujące: zysk i stratę można obliczać w różny sposób. Na każdym poziomie swej działalności instytucje mogą i powinny okazywać serce.

Moja mama wciąż ma ten pojemnik na sól i pieprz, wart sto tysięcy dolarów. Dzień, w którym ludzie u Disneya wymienili pojemnik stłuczony na nowy, był wielki dla nas... i nie najgorszy dla samej firmy!

51

Żadna praca nie jest poniżej twojej godności

Zostało udokumentowane, że obecnie wśród młodych ludzi narasta poczucie własnej wartości. Niejednokrotnie obserwowałem to na swoich zajęciach.

Wielu studentów ostatniego roku uważa, że powinno się ich zatrudnić, ponieważ odznaczają się twórczą genialnością. I wielu odczuwa niechęć na myśl, że trzeba zaczynać od samego dołu.

Miałem dla nich zawsze tę samą radę: „Powinniście być zachwyceni, że dostajecie pracę w rozdzielni listów. A kiedy się tam dostaniecie, powinniście robić tylko jedno: osiągać wspaniałe wyniki w sortowaniu korespondencji".

Nikt nie chce słyszeć od kogoś: „Nie wychodzi mi sortowanie listów, ponieważ to praca poniżej mojej godności". Żadnej

Dopóki nie wszedłem na podium, by wygłosić ostatni wykład, nigdy nie powiedziałem studentom w Carnegie Mellon, że nie zostałem przyjęty, kiedy złożyłem podanie. Czego się bałem? Że wszyscy sobie pomyślą, że nie jestem dość bystry i inteligentny, żeby przebywać w ich towarzystwie? Że nie będą mnie traktować poważnie?

Rzecz ciekawa – te sekrety, które człowiek decyduje się ujawnić pod koniec życia.

Powinienem w gruncie rzeczy opowiadać tę historię przez całe lata, ponieważ jej morał jest taki: jeśli pragniesz czegoś dostatecznie mocno, nigdy się nie poddawaj (i akceptuj pomoc, jeśli ktoś ją proponuje).

Mury wyrastają przed nami z konkretnego powodu. I kiedy już je pokonacie – nawet jeśli w praktyce ktoś musi przerzucić was na drugą stronę – to warto opowiedzieć innym, jak tego dokonaliście. Może im to pomóc.

54

Bądź zwolennikiem wspólnoty

Podkreślamy w tym kraju znaczenie idei, jaką są prawa człowieka. Tak powinno być, ale nie ma sensu mówienie o prawach z pominięciem obowiązków.

Prawa muszą pochodzić z jakiegoś źródła, a pochodzą ze społeczności. W zamian wszyscy mamy obowiązki wobec niej. Niektórzy nazywają to ruchem „wspólnotowym", ale ja nazywam to zdrowym rozsądkiem.

Wielu z nas przestało się przejmować tą ideą, a ja od dwudziestu lat, jako profesor, coraz częściej dostrzegam, że studenci po prostu jej nie rozumieją. Koncepcja, że prawom muszą towarzyszyć obowiązki, jest im z gruntu obca.

Na początku każdego semestru proszę ich, by podpisali pewien kontrakt określający ich obowiązki i prawa. Zgodzili się pracować konstruktywnie w grupach, uczestniczyć w pewnych zebraniach, pomagać swoim kolegom, oceniając ich uczciwie. W zamian mieli prawo przebywać na zajęciach i oczekiwać, że ich praca zostanie oceniona i zaprezentowana.

Niektórzy studenci patrzyli krzywo na mój kontrakt. Dlatego, jak sądzę, że my, dorośli, nie zawsze dajemy dobry przykład, jeśli chodzi o podkreślanie znaczenia wspólnoty. Na przykład, wszyscy wiemy, że przysługuje nam prawo do zasiadania w ławie przysięgłych. A jednak wielu ludzi stara się za wszelką cenę tego uniknąć.

Chciałem więc, by moi studenci wiedzieli. Każdy musi przyczyniać się do wspólnego dobra. Tego, kto postępuje inaczej, można określić jednym słowem: egoista.

Mój tata uczył nas tego na swoim przykładzie, ale szukał też nowych możliwości, dzięki którym mógłby uczyć innych. Zrobił coś bardzo mądrego, kiedy pełnił obowiązki pełnomocnika małej ligi baseballu.

Miał problemy ze znalezieniem chętnych na stanowisko sędziego. Była to niewdzięczna robota, ponieważ ilekroć arbiter zasygnalizował niewłaściwe uderzenie, jakiś dzieciak czy rodzic mógł uznać to za błędną decyzję. Dochodził też czynnik strachu:

trzeba było stać na boisku, podczas gdy młodzi zawodnicy, którzy nie zawsze panowali nad sobą, wymachiwali kijami i obrzucali człowieka przekleństwami.

Mój tata wpadł na pewien pomysł. Zamiast zaangażować kogoś dorosłego, wyznaczył na sędziów graczy z drużyn starszego rocznika. Dzięki ojcu kandydaci na arbitra uznali ten wybór za zaszczyt.

Decyzja ta miała dalekosiężne skutki.

Dzieciaki, które otrzymały funkcję sędziego, zrozumiały, jaka to ciężka praca, i rzadko podważały decyzje arbitra. Czuły się także usatysfakcjonowane, że pomagają młodszym kolegom. Ci zaś zaczęli dostrzegać pozytywny wzór w starszych, którzy zgodzili się pełnić niełatwą funkcję.

Mój tata stworzył nową społeczność. Wiedział jedno: kiedy jesteśmy związani z innymi, stajemy się lepszymi ludźmi.

55

Musisz tylko poprosić

Podczas ostatniej wizyty mojego taty w Disneylandzie czekałem z nim, aż wpuszczą nas do kolejki jednoszynowej. Był też z nami Dylan, wówczas czteroletni. Bardzo chciał usiąść na samym przodzie, w niesamowicie wyglądającej lokomotywie, razem z maszynistą. Ojciec, który był entuzjastą wesołych miasteczek, też uważał, że byłaby to wielka frajda.

„Szkoda, że nie pozwalają tam siadać" – powiedział.

„Hm" – mruknąłem. – „Wiesz, tato, jako były pracownik Disneya nauczyłem się pewnej sztuczki, dzięki której można usiąść z przodu. Chcesz zobaczyć, na czym polega?".

Odparł, że tak, pewnie.

Podszedłem więc do uśmiechniętego pracownika parku i spytałem:

„Przepraszam, czy możemy we trzech usiąść w pierwszym wagoniku?".

„Jak najbardziej, sir" – odparł i otworzył drzwiczki, my zaś zajęliśmy miejsca za maszynistą.

Ten jeden raz w życiu widziałem ojca osłupiałego.

„Powiedziałem, że chodzi o sztuczkę" – zwróciłem się do niego, kiedy pędziliśmy w stronę Magicznego Królestwa. – „Nie mówiłem, że jest ona trudna".

Czasem wystarczy, że poprosisz.

Zawsze odznaczałem się zręcznością, która pozwalała mi z powodzeniem prosić o różne rzeczy. Jestem dumny, że zebrałem się na odwagę i nawiązałem kontakt z Fredem Brookesem Jr., jednym z najbardziej cenionych na świecie informatyków. W latach pięćdziesiątych rozpoczął karierę w IBM, a potem sfinansował wydział informatyki na Uniwersytecie Karoliny Północnej.

Miałem na karku prawie trzydziestkę i wciąż nie spotkałem tego człowieka, wysłałem więc do niego e-mail z prośbą: „Jeśli wsiądę w samochód i przyjadę z Wirginii do Karoliny Północnej, to czy poświęci Pan trzydzieści minut na rozmowę ze mną?".

Odpisał: „Jeśli przejedzie Pan samochodem taki kawał drogi, to poświęcę Panu więcej niż pół godziny".

Wystarczyło tylko poprosić.

Poświęcił mi dziewięćdziesiąt minut i stał się na całe życie moim mentorem. Po latach zaprosił mnie na Uniwersytet Karoliny Północnej, z propozycją wygłoszenia wykładu. Była to podróż, która doprowadziła do najbardziej brzemiennej w skutki chwili mojego życia – spotkania z Jai.

Czasem wystarczy tylko poprosić, a wszystkie wasze marzenia się spełnią.

Teraz, gdy mam przed sobą tak krótką drogę, nabrałem jeszcze większej wprawy w „proszeniu". Jak wszyscy doskonale wiemy, wyniki badań medycznych otrzymuje się często po wielu dniach. Nie chcę teraz marnować czasu na oczekiwanie wiadomości dotyczących mojego stanu zdrowia. Zawsze więc pytam: „Kiedy najszybciej mogę dostać wyniki?".

„Och, może uda się załatwić to w godzinę" – pada często odpowiedź.

„Okej" – mówię. – „Cieszę się, że spytałem".

Zadawajcie takie pytania. Częściej, niż się spodziewacie, usłyszycie: „Jasne".

56

Podejmij decyzję:
Tygrysek albo Kłapouchy

Kiedy poinformowałem rektora Carnegie Mellon, Jareda Cohona, że będę wygłaszał ostatni wykład, odparł: „Proszę, opowiedz im o tym, jak się dobrze bawić, ponieważ właśnie z tego powodu będę cię pamiętał".

A ja na to: „Owszem, mogę to zrobić, ale będę przypominał rybę, która mówi o tym, jak ważna jest dla niej woda".

Chodzi o to, że nie wiem, jak można się nie bawić. Umieram i bawię się. I zamierzam się bawić każdego dnia, jaki mi jeszcze pozostał. Dlatego że nie ma innej możliwości.

Uświadomiłem to sobie bardzo wcześnie. Według mnie wszyscy musimy podjąć pewną decyzję, którą w sposób doskonały uosabiają dwie postaci z Kubusia Puchatka A.A. Milnego. Każdy z nas musi odpowiedzieć sobie na pytanie: czy jestem wiecznie wesołym Tygryskiem, czy wiecznie zasmuconym Kłapouchym? Musicie się zdeklarować. Jest chyba jasne, jakie stanowisko zajmuję w wielkiej debacie pod hasłem „Tygrysek czy Kłapouchy?".

Moje ostatnie święto Halloween stanowiło dla mnie okazję do wspaniałej zabawy. Przebraliśmy się z Jai za bohaterów serialu „Iniemamocni", podobnie jak trójka naszych dzieci. Umieściłem nasze zdjęcie na swojej stronie internetowej, aby wszyscy wiedzieli, jaka z nas niesamowita rodzina. Dzieciaki wyglądały super. Ja, ze swoimi sztucznymi muskułami z kartonu, wyglądałem na niepokonanego. Wyjaśniłem, że chemioterapia nie wpłynęła znacząco na moją moc nadczłowieka. W odpowiedzi nadeszło mnóstwo pełnych uśmiechu e-maili.

Ostatnio wziąłem akwalung i wybrałem się na krótkie wakacje z trójką swoich najlepszych przyjaciół: Jackiem Sheriffem, kolegą ze szkoły średniej, Scottem Hermanem, współlokatorem z coleege'u, i Steve'em Seaboltem z Electronics Arts. Wszyscy mieliśmy świadomość podtekstu, jaki nam towarzyszy. Byli to przyjaciele z różnych okresów mojego życia; postanowili ofiarować mi wspólnie pożegnalny weekend.

Nie znali się zbyt dobrze, ale wkrótce zrodziły się między nimi silne więzy. Wszyscy jesteśmy dorosłymi ludźmi, ale przez większość czasu zachowywaliśmy się tak, jakbyśmy mieli po trzynaście lat. I wszyscy byliśmy Tygryskami.

Chemioterapia nie wpłynęła znacząco na moje supermoce.

Z powodzeniem unikaliśmy rozmów związanych z moją chorobą i wyznań w rodzaju „kocham cię, stary". Mieliśmy za to
doskonały ubaw. Snuliśmy wspomnienia, dokazywaliśmy i żar-
towaliśmy z siebie nawzajem (prawdę mówiąc, to najczęściej oni
żartowali sobie ze mnie, głównie z powodu przydomku, jaki zyskałem od czasu ostatniego wykładu – św. Randy z Pittsburgha.

Znają mnie bardzo dobrze i nic sobie nie robili z opinii, jaką zyskałem).

Nie uciszę Tygryska, który we mnie siedzi. Nie mam po prostu ochoty zostać Kłapouchym; nie widzę w tym żadnego sensu. Ktoś spytał mnie, co chciałbym mieć napisane na nagrobku. Odparłem: „Randy Pausch. Żył trzydzieści lat po zdiagnozowaniu nieuleczalnej choroby".

Obiecuję wam jedno. Mógłbym te trzydzieści lat wypełnić wspaniałą zabawą. Jeśli się tak nie stanie, wypełnię zabawą ten czas, jaki mi jeszcze pozostał.

57

Jak zrozumieć optymizm

Kiedy się dowiedziałem, że mam nowotwór, jeden z moich lekarzy udzielił mi pewnej rady. „Jest ważne, żebyś się zachowywał tak, jakbyś miał pozostać tu jeszcze jakiś czas".

Nie musiał mi tego mówić.

„Doktorze, właśnie kupiłem sobie nowy kabriolet i poddałem się wazektomii. Czego jeszcze ode mnie oczekujesz?".

Słuchajcie, nie zamierzam zaprzeczać swojej sytuacji. Jestem w pełni świadomy nieuniknionego. Żyję tak, jakbym miał umrzeć. Ale jednocześnie żyję tak, jakbym miał żyć dalej.

W niektórych przypadkach gabinety onkologiczne wyznaczają półroczne terminy wizyt. Dla pacjentów jest to optymistyczny sygnał, że według lekarzy będą żyć. Nieuleczalnie chorzy ludzie patrzą na termin wizyty i mówią sobie: „Dotrwam do tej chwili. A kiedy nadejdzie, otrzymam dobrą wiadomość".

Herbert Zech, mój chirurg z Pittsburgha, mówi, że martwią go pacjenci, którzy są przesadnie optymistyczni albo niedostatecznie poinformowani. Jednocześnie denerwuje go, gdy przyjaciele i znajomi chorego wmawiają mu, że musi odznaczać się optymizmem, bo w przeciwnym razie kuracja nie przyniesie pożądanych skutków. Boli go, gdy pacjenci poznają prawdę i uważają, że sami są winni, bo nie byli dość pozytywnie nastawieni.

Uważam, że optymizm, jako stan umysłu, może dopomóc w konkretnych sprawach, wspomagających stan fizyczny. Jeśli człowiek jest optymistycznie nastawiony, łatwiej mu znieść brutalną chemioterapię albo poszukać przełomowych metod leczenia z ostatniej chwili.

Dr Zech nazywa mnie ideałem „zdrowej równowagi między optymizmem i realizmem". Uważa, że staram się traktować swój nowotwór jako jeszcze jedno doświadczenie życiowe.

Ale cieszę się niezmiernie, że moja wazektomia jest jednocześnie skuteczną metodą kontroli urodzin i optymistycznym gestem wobec przyszłości. Uwielbiam jeździć swoim nowym kabrioletem. Uwielbiam myśleć, że mogę stać się tym jednym facetem na milion, który pokona raka w późnym stadium, bo nawet jeśli mi się to nie uda, taki sposób rozumowania pomaga mi przetrwać każdy dzień.

58

Inni też
mają swój wkład

Od chwili, gdy mój ostatni wykład zaczął robić karierę w Internecie, kontaktuje się ze mną wielu ludzi, których poznałem przez lata – począwszy od sąsiadów z czasów dzieciństwa, a skończywszy na znajomych sprzed wieków. Jestem im wdzięczny za ich ciepłe słowa i refleksje.

Odczuwam ogromną przyjemność, czytając wiadomości od byłych studentów i kolegów uniwersyteckich. Jeden z niegdysiejszych współpracowników przypomniał mi radę, jakiej mu udzieliłem, kiedy był jeszcze nieetatowym wykładowcą. Ostrzegłem go, by nie przejmował się komentarzami ze strony kierownictwa wydziału (pamięta, jak mu powiedziałem: „Kiedy szef sugeruje mimochodem, że masz coś rozważyć, powinieneś wyobrazić sobie kij do poganiania bydła"). Były student przesłał mi e-maila, w którym napisał, że zainspirowałem go do stworzenia strony internetowej na temat samorozwoju, „Przestań chrzanić i zacznij żyć pełnią życia", z zamiarem pomocy ludziom, którzy żyją poniżej swoich możliwości. Przypomina to nieco moją filozofię, chociaż dobór słów jest nieco inny.

I, by zachować odpowiedni dystans, coś z kategorii „Pewne sprawy nigdy się nie zmieniają" – napisała do mnie nieodwzajemniona miłość ze szkoły średniej, by życzyć mi zdrowia i przypomnieć delikatnie, dlaczego byłem wtedy dla niej zbyt głupkowaty (nadmieniając przy okazji, że wyszła za „prawdziwego" doktora).

A już tak poważniej, napisały do mnie także tysiące obcych ludzi i jestem poruszony ich życzeniami. Wielu z nich mówiło o tym, jak oni sami i ich bliscy zmagali się z problemem śmierci i umierania.

Pewna kobieta, której mąż umarł w wieku czterdziestu ośmiu lat na raka trzustki, opowiedziała o jego „ostatniej mowie", którą wygłosił do niewielkiego audytorium: żony, swoich dzieci, rodziców i rodzeństwa. Podziękował im za wsparcie i miłość, wspominał miejsca, które wspólnie odwiedzili, i wyjaśniał, co miało dla niego w życiu największe znaczenie. Kobieta ta wspomniała również, że terapeuci pomogli jej rodzinie po śmierci męża: „Wiedząc to, co wiem teraz, mogę zapewnić, że pani Pausch i Pańskie dzieci będą odczuwały potrzebę rozmowy, płaczu i wspomnień".

Inna kobieta, której mąż zmarł na guza mózgu, kiedy ich dzieci były w wieku trzech i ośmiu lat, przekazała mi rady z prośbą, bym powtórzył je Jai: „Możesz przetrwać to co niewyobrażalne" – napisała. – „Twoje dzieci będą wspaniałym źródłem pociechy i miłości, a także najlepszym powodem, by budzić się każdego ranka z uśmiechem".

Dalej pisała: „Przyjmij oferowaną pomoc, kiedy Randy jeszcze żyje, tak abyś mogła cieszyć się jego obecnością. Przyjmij oferowaną pomoc wtedy, gdy już go nie będzie, tak abyś miała siłę dokonać tego co ważne. Przyłącz się do innych, którzy przeżyli podobną stratę. Przyniosą wielką pociechę Tobie i Twoim dzieciom".

Sugerowała także, by Jai zapewniała dzieci, gdy będą dorastać, że czeka je normalne życie – ukończenie szkoły, małżeństwo, własne dzieci. „Kiedy umiera jedno z rodziców, niektóre dzieci obawiają się, że i one mogą nie doświadczyć tego, co niesie ze sobą czas".

Skontaktował się ze mną pewien człowiek tuż po czterdziestce, cierpiący na poważną chorobę serca. Napisał mi o Krishnamurtim, przywódcy duchowym w Indiach, zmarłym w 1986. Krishnamurtiego spytano kiedyś, co powinno się powiedzieć przyjacielowi, który jest bliski śmierci. Odpowiedział: „Powiedz swojemu przyjacielowi, że w chwili jego śmierci umiera także część ciebie i odchodzi wraz z nim. Dokądkolwiek on pójdzie, ty także tam pójdziesz. Nie będzie sam". Człowiek ten zapewniał mnie w swoim e-mailu: „Wiem, że nie jesteś sam".

Czułem się także poruszony komentarzami i życzeniami od znanych ludzi, którzy skontaktowali się ze mną po wykładzie. Prezenterka programu informacyjnego, Diane Sawyer, przeprowadzała ze mną wywiad, a kiedy wyłączono kamery, pomogła mi zastanowić się nad tym wszystkim, co pragnę zostawić swoim dzieciom, i udzieliła mi niezwykłej rady. Wiedziałem, że chcę pozostawiać swoim dzieciom listy i taśmy wideo. Ona jednak powiedziała mi, jak ważne są te wszystkie specyficzne gesty z mojej strony, które świadczą o moich relacjach z synami i córką. Zacząłem się nad tym głęboko zastanawiać i postanowiłem mówić swoim dzieciom rzeczy w rodzaju: „Uwielbiam, jak przechylasz głowę, kiedy się śmiejesz". Dam im coś szczególnego, coś, do czego będą mogły się odwołać.

Dr Reiss, terapeutka, z którą się spotykaliśmy, wskazała mi metody pozwalające uniknąć stresu, jaki wywoływały kolejne wyniki badań, tak abym mógł skupić się na swojej rodzinie – otworzyć dla niej serce i poświęcić jej całą uwagę. Przez większość życia traktowałem sceptycznie skuteczność działań terapeutycznych. Teraz, kiedy zostałem przyparty do muru, uświadamiam sobie, jak mogą być skuteczne i pomocne. Chciałbym przemierzać korytarze oddziałów onkologicznych i mówić o tym pacjentom, którzy próbują sobie poradzić ze swoją sytuacją sami.

***

Wielu, bardzo wielu ludzi napisało do mnie, poruszając kwestie wiary. Doceniam niezwykle ich komentarze i modlitwy. Zostałem wychowany przez rodziców, którzy uważali, że wiara to coś bardzo osobistego. Nie poruszałem tego tematu w swoim wykładzie, ponieważ pragnąłem mówić przede wszystkim o zasadach uniwersalnych, które odnoszą się do każdego wyznania i religii – i dzielić się tym wszystkim, co zyskałem poprzez relacje z innymi ludźmi.

Oczywiście, niektóre z tych relacji nawiązałem w kościele. Jedna z parafianek, M.R. Kelsey, przez dwanaście dni przychodziła codziennie do szpitala, kiedy leżałem tam po operacji, i siedziała przy mnie. Mój duchowny, gdy zdiagnozowano u mnie nowotwór, także okazywał mi mnóstwo serca i był bardzo pomocny. Chodziliśmy w Pittsburghu na ten sam basen i dzień po tym, jak się dowiedziałem, że jestem nieuleczalnie chory, znaleźliśmy się tam obaj przypadkiem. Siedział obok basenu, a ja wszedłem na trampolinę. Mrugnąłem do niego, a potem skoczyłem do wody.

Kiedy dopłynąłem do krawędzi basenu, zauważył: „Wyglądasz jak okaz zdrowia, Randy". Odparłem: „To coś w rodzaju dysonansu kognitywnego. Czuję się dobrze i świetnie wyglądam, ale dowiedzieliśmy się wczoraj, że nowotwór powrócił, i lekarze dają mi od trzech do sześciu miesięcy".

Od tej pory często rozmawialiśmy o tym, jak najlepiej mogę się przygotować na śmierć.

„Masz ubezpieczenie na życie, prawda?" – spytał.

„Tak, wszystko jest załatwione" – zapewniłem.

„No cóż, potrzebujesz także ubezpieczenia emocjonalnego" – powiedział, a potem wyjaśnił, że składka takiego ubezpieczenia będzie opłacana moim czasem, nie pieniędzmi.

Dlatego poradził mi, żebym przez całe godziny nagrywał na wideo siebie z dziećmi, tak aby utrwalić nasze zabawy i śmiech. Będą mogły po wielu latach zobaczyć, jak swobodne i radosne były nasze wzajemne kontakty. Przekazał mi także swoje refleksje dotyczące tego wszystkiego, co mogę zrobić dla Jai, by pozostawić jej obraz swojej miłości.

„Jeśli zaczniesz opłacać składki ubezpieczenia emocjonalnego już teraz, kiedy czujesz się dobrze, nie będziesz tak bardzo obciążony później, w nadchodzących miesiącach" – powiedział. – „Zapewni ci to spokój".

Moi przyjaciele. Moi bliscy. Mój duchowny. Nieznajomi. Każdego dnia otrzymuję wsparcie ze strony ludzi, którzy życzą mi dobrze i podnoszą mnie na duchu. Mogę szczerze powiedzieć, że doświadczyłem tylko tego, co w człowieczeństwie jest najlepsze.

VI

UWAGI KOŃCOWE

59

*Marzenia
dla moich dzieci*

Jest tyle rzeczy, które chcę powiedzieć swoim dzieciom, lecz w tej chwili są one za małe, by mogły zrozumieć. Dylan skończył właśnie sześć lat. Logan trzy. Chloe ma półtora roku. Pragnę, by wiedziały, kim byłem, a także to, w co zawsze wierzyłem, i jak bardzo je kochałem. Zważywszy na ich wiek, niewiele z tego wszystkiego mogą pojąć.

Chciałbym, żeby zrozumiały, jak rozpaczliwie nie chcę ich opuszczać. Ja i Jai nie powiedzieliśmy im nawet, że umieram. Poradzono nam, by zaczekać z tym do chwili, gdy mój stan się pogorszy. Obecnie, choć zostało mi kilka miesięcy życia, wciąż nieźle wyglądam. Moje dzieci pozostają nieświadome faktu, że ilekroć z nimi jestem, mówię im „żegnajcie".

Boli mnie myśl, że gdy dorosną, nie będą miały ojca. Kiedy płaczę pod prysznicem, to nie mówię sobie w duchu: „Nie zobaczę
już, jak będą robiły to" albo: „Nie zobaczę, jak będą robiły tamto".
Widzę je jako dzieci pozbawione ojca. Bardziej skupiam się na
tym, co one stracą, niż na tym, co ja stracę. Tak, przyznaję, mój
smutek wyraża się w jakimś stopniu słowami: „Nie będę, nie będę,
nie będę...". Ale przede wszystkim odczuwam żal z powodu dzieci. I wciąż powtarzam sobie: „Nie będą... nie będą... nie będą...".

Wiem, że być może zapamiętają mnie jak przez mgłę. Dlatego właśnie staram się robić z nimi rzeczy, które będą dla nich
niezapomniane. Chcę, by obraz mnie samego, jaki zachowają,
był możliwie wyraźny i ostry. Pojechałem z Dylanem na krótkie
wakacje popływać z delfinami. Jeśli dzieciak pływa z delfinem, to
tak łatwo tego nie zapomni. Zrobiliśmy mnóstwo zdjęć.

Tworzenie wspomnień z Dylanem.

Logan, Tygrysek z krwi i kości.

Zamierzam zabrać Logana do Disneylandu, miejsca, które pokocha tak bardzo jak ja. Jestem o tym przekonany. Chciałby poznać Myszkę Miki. Ja poznałem Myszkę Miki, mogę więc ich sobie przedstawić. Zabierzemy też Dylana, ponieważ to, czego w tych dniach Logan doświadcza, wydaje się niepełne, jeśli nie bierze w tym udziału jego starszy brat.

Każdego dnia wieczorem, kiedy zbliża się pora spania, a ja proszę Logana, by powiedział mi, co było najlepsze z całego dnia, zawsze odpowiada: „Zabawa z Dylanem". Kiedy pytam go o to, co było najgorsze, odpowiada: „Zabawa z Dylanem". Nie trzeba dodawać, że są braćmi z krwi i kości.

Zdaję sobie sprawę, że Chloe być może nie zachowa o mnie żadnych wspomnień. Jest za mała. Chcę jednak, by dorastała ze świadomością, że byłem pierwszym mężczyzną, który się w niej zakochał. Zawsze mi się wydawało, że więzi między ojcem i córką przypisuje się przesadne znaczenie. Ale teraz mogę was zapewnić, że jest jak najbardziej realna. Zdarza się, że Chloe spojrzy na mnie, a ja się dosłownie roztapiam.

Jest tyle rzeczy, które Jai będzie mogła im o mnie opowiedzieć, kiedy podrosną. O moim optymizmie, o mojej skłonności do zabawy, wysokich wymaganiach, jakie próbowałem sobie stawiać w życiu. Może też opisać w sposób dyplomatyczny to, co sprawiało, że bywałem irytujący: moje nadmiernie analityczne podejście do życia, upieranie się (zbyt często), że wiem wszystko najlepiej. Ale jest skromną osobą, znacznie skromniejszą ode mnie i być może nie powie dzieciom jednego: że miała za małżonka faceta, który kochał ją prawdziwie głęboko. I nie opowie im o wszystkich poświęceniach, na jakie się zdobyła. Każda matka obarczona trójką małych dzieci jest pochłonięta opieką nad nimi. Jeśli dodać do tego chorego na raka męża, to mamy w rezultacie kobietę, która bezustannie zajmuje się potrzebami innych, nie swoimi. Chcę, by moje dzieci wiedziały, jak była bezinteresowna, zajmując się nami wszystkimi.

Ostatnio starałem się rozmawiać często z ludźmi, którzy stracili w bardzo młodym wieku rodziców. Pragnę wiedzieć, co pozwoliło im przetrwać ten ciężki czas i jakie pamiątki miały dla nich największe znaczenie.

Mówili mi, że odczuwali pociechę, dowiadując się, jak bardzo byli kochani przez matki i ojców. Im więcej się o tym dowiadywali, tym bardziej odczuwali tę miłość.

Szukali także powodów do dumy; pragnęli wierzyć, że ich rodzice byli niezwykłymi ludźmi. Niektórzy starali się jak najdokładniej poznać ich osiągnięcia. Inni woleli tworzyć mity. Ale wszyscy chcieli wiedzieć, że ich rodzice byli wyjątkowi.

Ci ludzie powiedzieli mi coś jeszcze. Ponieważ przechowali tak niewiele wspomnień o rodzicach, przynosiła im ulgę myśl, że ci, umierając, zabrali ze sobą wspaniałe wspomnienia o dzieciach.

Dlatego właśnie chcę, by moje dzieci wiedziały, że moje myśli pełne są wspomnień o nich.

Zacznijmy od Dylana. Uwielbiam tę miłość i współczucie, które ma w sobie. Jeśli inne dziecko doznaje jakiejś krzywdy, Dylan zanosi mu zabawkę albo koc.

Inna cecha, którą w nim dostrzegam: jest analitykiem, jak jego staruszek. Już zdążył się zorientować, że pytania są ważniejsze od odpowiedzi. Mnóstwo dzieci pyta: „Dlaczego? Dlaczego? Dlaczego?". W naszym domu obowiązuje zasada, że nie wolno zadawać pytań jednowyrazowych. Dylan akceptuje to z entuzjazmem. Uwielbia formułować pytania mające postać pełnych zdań i odznacza się ciekawością ponad swój wiek. Pamiętam, jak zachwycali się nim jego wychowawcy z przedszkola, mówiąc nam: „Kiedy się na niego patrzy, człowiek zaczyna się zastanawiać: na kogo ten dzieciak wyrośnie?".

Dylan jest także królem ciekawości. Gdziekolwiek się znajduje, patrzy w jakimś nieokreślonym kierunku i myśli sobie: „Hej, coś tam jest! Obejrzyjmy to, dotknijmy albo rozbierzmy na części". Kiedy pojawia się płot z białych prętów, niektóre dzieci przesuwają po nich patykiem, idąc wzdłuż ogrodzenia i słuchając odgłosu, jaki wydaje: stuk, stuk, stuk! Dylan posunąłby się o krok dalej. Podważyłby za pomocą kijka jeden z prętów i wykorzystał jako narzędzie akustyczne, ponieważ jest grubszy i wydaje lepszy odgłos.

Logan ze swej strony zamienia wszystko w przygodę. Kiedy przychodził na świat, utknął w kanale rodnym. Żeby go wyciągnąć, potrzeba było dwóch lekarzy z kleszczami. Pamiętam jednego z nich, opierającego się stopą o stół i ciągnącego z całej siły. W pewnym momencie odwrócił się do mnie i powiedział: „Jeśli się nie uda, to mam na zapleczu łańcuchy i konie pociągowe".

Była to trudna próba dla Logana. Z powodu długiego przebywania w kanale rodnym nie mógł tuż po porodzie poruszać rękami. Martwiliśmy się, ale nie trwało to długo. Kiedy już zaczął się ruszać, nie mógł na dobrą sprawę przestać. Jest fenomenalnym źródłem pozytywnej energii – całkowicie fizycznym i towarzyskim. Kiedy się uśmiecha, robi to całą twarzą; jest wcieleniem i uosobieniem Tygryska. To także dzieciak, który jest zdolny do wszystkiego i który potrafi się z każdym zaprzyjaźnić. Ma dopiero trzy lata, ale przewiduję, że zostanie przewodniczącym swojego stowarzyszenia studenckiego.

Chloe natomiast to dziewczyna od A do Z. Mówię to z niejakim zdziwieniem, ponieważ nim się pojawiła, nie mogłem zgłębić, co to właściwie znaczy. Miała się urodzić w wyniku cięcia cesarskiego, ale Jai odeszły wody i krótko po przybyciu do szpitala Chloe po prostu się wyśliznęła (to mój opis. Jai mogłaby powiedzieć, że na takie określenie stać tylko mężczyznę!). W każdym razie chwila, kiedy trzymałem Chloe po raz pierwszy i wpatrywałem się w tę maleńką dziewczęcą twarzyczkę, była jedną z najbardziej intensywnych i uduchowionych w moim życiu. Poczułem tę więź i była ona inna niż związek, który łączył mnie z chłopcami. Jestem obecnie członkiem klubu „Ojców, których córeczka owinęła sobie wokół palca".

Uwielbiam obserwować Chloe. W przeciwieństwie do Dylana i Logana, tak zawsze śmiałych w sensie fizycznym, Chloe jest bardzo ostrożna, może nawet delikatna. U szczytu schodów zainstalowaliśmy furtkę, ale rzadko spełnia ona swoją funkcję, ponieważ Chloe robi wszystko, by nie wyrządzić sobie krzywdy.

W sytuacji, gdy człowiek przyzwyczaił się do obecności w domu dwóch chłopców, którzy z każdych schodów zbiegają na złamanie karku, nie odczuwając żadnego strachu, jest to dla nas zupełnie nowe doświadczenie.

Kocham trójkę swoich dzieci całkowicie i każde z nich inaczej. I chcę, by wiedziały, że będę je kochał tak długo, jak długo będę żył. Nie mam co do tego żadnych wątpliwości.

Biorąc jednak pod uwagę ten krótki czas, jaki mi jeszcze pozostał, muszę się zastanowić nad tym, jak wzmocnić łączące nas więzy. Dlatego tworzę osobne listy wspomnień dla każdego z moich dzieci. Nagrywam taśmy wideo, żeby mogły mnie zobaczyć, jak mówię o tym, co dla mnie znaczyły. Piszę do nich listy. Traktuję też nagranie swojego ostatniego wykładu – a także niniejszą książkę – jako cząstkę siebie samego, którą mogę im pozostawić. Mam nawet duży plastikowy pojemnik, wypełniony korespondencją, którą otrzymywałem przez wiele tygodni po swoim wystąpieniu na uczelni. Któregoś dnia dzieci być może zechcą przejrzeć zawartość tego pojemnika i mam nadzieję, że z zadowoleniem znajdą wśród nadawców zarówno przyjaciół, jak i ludzi całkowicie obcych, którzy uznali mój wykład za rzecz godną uwagi.

Ponieważ tyle mówiłem o sile i potędze dziecięcych marzeń, niektórzy ludzie pytają mnie o to, jakie marzenia snuję z myślą o swoich dzieciach.

Mam na to jasną odpowiedź.

Jeśli rodzice pragną, by dzieci miały określone marzenia, to może mieć to skutki destrukcyjne. Jako profesor widziałem wielu nieszczęśliwych studentów, którzy na początku nauki wybierali specjalizację nieodpowiednią dla nich. Rodzice wsadzają ich siłą do jakiegoś pociągu i zbyt często, sądząc po łzach, jakich jestem świadkiem podczas dyżurów, kończy się to katastrofą.

Uważam, że zadaniem rodzica jest zachęcanie dzieci do wzbudzenia w sobie radości życia i pragnienia podążania za swoimi marzeniami. Najlepsze, co możemy zrobić, to pomóc im opracować osobisty zestaw narzędzi służących temu celowi.

Tak więc marzenia, które żywię wobec swoich dzieci, są niezwykle konkretne: chcę, by znalazły własną ścieżkę spełnienia. A ze względu na to, że nie będzie mnie przy tym, pragnę oświadczyć dobitnie: dzieciaki, nie próbujcie się domyślać tego, czego od was oczekiwałem. Chcę, byście stały się tym, czym wy chcecie się stać.

Mając do czynienia z tyloma studentami, którzy przewinęli się przez moje zajęcia, pojąłem, że wielu rodziców nie zdaje sobie sprawy z siły swoich słów. W zależności od wieku dziecka i jego poczucia własnego ja, przypadkowa uwaga ze strony mamy czy taty może być odczuwana jak pchnięcie buldożera. Nie jestem nawet pewien, czy było słuszne z mojej strony mówić o Loganie jako przewodniczącym stowarzyszenia studenckiego. Nie chcę, by poszedł do cellege'u z myślą, że zgodnie z pragnieniem ojca powinien wstąpić do stowarzyszenia czy mu przewodzić – czy zrobić cokolwiek innego. Jego życie będzie jego życiem. Chciałbym tylko nakłaniać swoje dzieci, by szukały własnej drogi z entuzjazmem i pasją. I chcę, by czuły się tak, jakbym im w tym towarzyszył, jakąkolwiek ścieżkę wybiorą.

60

Jai
i ja

Jak wiedzą wszystkie rodziny zmagające się z rakiem, opiekunowie są często odsuwani na bok. Pacjenci skupiają się na sobie. Są obiektami uwielbienia i współczucia. Opiekunowie znoszą największy ciężar, nie mając czasu na swój własny ból i smutek.

Moja żona Jai jest opiekunką człowieka chorego na raka, która ma na głowie dodatkowy obowiązek: trójkę dzieci. Więc gdy przygotowywałem się do ostatniego wykładu, podjąłem decyzję. Jeśli to wystąpienie miało być wyłącznie moją domeną, to chciałem w jakiś sposób pokazać wszystkim, jak bardzo kocham i doceniam Jai.

Wyglądało to tak: pod koniec wykładu, kiedy omawiałem lekcje otrzymane w życiu, wspomniałem, jak ważną rzeczą jest skupianie uwagi na innych ludziach, nie tylko na sobie. Spoglądając gdzieś poza scenę, spytałem: „Czy jest tam gdzieś konkretny dowód skupiania uwagi na kimś innym? Możemy go zaprezentować?".

Ponieważ dzień wcześniej były urodziny Jai, kazałem umieścić za kulisami wielki tort na stoliku z kółkami. Kiedy przyjaciółka Jai, Cleath Schleuter, wtoczyła wózek na scenę, wyjaśniłem słuchaczom, że nie urządziłem żonie odpowiedniego przyjęcia i że byłoby miło, gdyby zaśpiewało jej czterysta osób. Słuchacze przyjęli moją propozycję z entuzjazmem i zaczęli śpiewać.

„Happy birthday to you. Happy birthday to you...".

Zdając sobie sprawę, że nie wszyscy wiedzą, jak ma na imię, szybko wyjaśniłem:

„To Jai...".

„Happy birthday, dear Jai...".

To było wspaniałe. Nawet ludzie w przepełnionej sali obok, oglądający wykład na ekranie, śpiewali.

W końcu spojrzałem na Jai. Siedziała w pierwszym rzędzie, z uśmiechem zaskoczenia na twarzy, ocierając łzy i wyglądając tak cudownie – nieśmiała i piękna, zadowolona i oszołomiona...

***

Omawiamy z Jai wiele spraw, starając się pogodzić z życiem, jakie będzie prowadziła po moim odejściu. Określenie „szczęściarz" brzmi dziwnie w mojej sytuacji, ale w pewnym sensie jestem niezwykle zadowolony, że nie przejechał mnie autobus. Nowotwór dał mi czas na rozmowy z Jai, które nie byłyby możliwe, gdyby moim udziałem stał się atak serca czy wypadek samochodowy.

O czym rozmawiamy?

Przede wszystkim próbujemy oboje przypomnieć sobie, że najlepsze w naszym przypadku rady często pochodzą od stewardesy: „Proszę najpierw założyć maskę tlenową, zanim zaczną państwo pomagać innym". Jai tak wiele daje z siebie, że często zapomina o sobie. Kiedy jesteśmy fizycznie czy emocjonalnie wyczerpani, nie możemy pomóc nikomu innemu, nie mówiąc już o małych dzieciach. Nie ma więc nic świadczącego o słabości czy egoizmie w tym, że ktoś chce spędzić część dnia w samotności i naładować akumulator. Jako rodzic przekonałem się, że jest to trudne przy małych dzieciach. Jai wie, że będzie musiała w przyszłości przyznawać sobie prawo do pierwszeństwa.

Przypominam jej też, że będzie popełniać błędy i że powinna je akceptować. Gdybym mógł żyć dalej, popełnialibyśmy je wspólnie. Stanowią one część procesu wychowawczego i nie wolno jej tłumaczyć ich faktem, że wychowuje dzieci sama.

Zdarza się, że samotny rodzic wpada w pułapkę, jaką jest dawanie dzieciom rzeczy. Jai wie: żadne dobra nie zastąpią nieobecnego rodzica, co więcej, mogą poważnie zaszkodzić w kształtowaniu wartości.

Niewykluczone, że dla Jai, jak dla wielu rodziców, największym wyzwaniem będzie czas, gdy dzieci osiągną wiek nastoletni. Mając przez całe życie do czynienia z młodzieżą, chciałbym wierzyć, że sprawdziłbym się jako ojciec nastolatków. Byłbym stanowczy, ale jednocześnie starał się zrozumieć ich sposób myślenia. Przykro mi, że nie będę mógł pomóc Jai, kiedy ten czas nadejdzie.

Dobra wiadomość jest jednak taka, że inni ludzie – przyjaciele i rodzina – też zechcą pomóc, a Jai nie ma nic przeciwko temu. Wszystkie dzieci potrzebują w swoim życiu obecności różnych osób, które je kochają, zwłaszcza gdy jedno z rodziców nie żyje. Wracam myślą do swoich. Wiedzieli, że nie mogą być najważniejsi w moim życiu. Dlatego mój tata zgodził się, bym uprawiał football pod okiem trenera Grahama. Jai będzie szukała kogoś takiego dla naszych dzieci.

Jeśli chodzi o oczywiste pytanie, no cóż, oto moja odpowiedź: Chcę przede wszystkim, żeby Jai była w przyszłości szczęśliwa. Więc jeśli znajdzie szczęście w ponownym zamążpójściu, będzie to wspaniałe. Jeśli znajdzie szczęście, nie wychodząc za mąż, to także będzie wspaniałe.

Ciężko pracowaliśmy nad naszym związkiem. Potrafiliśmy się z czasem coraz lepiej porozumiewać, poznawaliśmy swoje potrzeby i siły, każde z nas dostrzegało w drugim coś nowego, co można kochać. Zasmuca nas, że nie doświadczymy tego bogactwa przez następne trzydzieści czy czterdzieści lat. Nie uda nam się korzystać z tego wysiłku, jaki dotąd włożyliśmy w nasz związek.

Wiem, że jak dotąd całkiem dobrze radzę sobie z chorobą. Jai także. Jak mówi: „Nikt nie musi się nade mną litować". Ale chcemy być też uczciwi. Choć terapia bardzo nam pomogła, zdarzają się ciężkie chwile. Płaczemy razem w łóżku, zasypiamy, budzimy się i znów płaczemy. Trzymamy się dzięki temu, że trzeba się skupiać na zadaniach, które wymagają rozwiązania. Nie możemy się załamać. Sen jest konieczny, ponieważ jedno z nas musi wstać rano, żeby dać dzieciom śniadanie. Dla ścisłości dodam, że osobą tą jest niemal zawsze Jai.

Obchodziłem ostatnio czterdzieste siódme urodziny i Jai musiała zmierzyć się z pytaniem: co dać ukochanemu mężczyźnie z okazji jego ostatnich urodzin? Zdecydowała się na zegarek i duży telewizor. Choć nie jestem fanem telewizji – to największy marnotrawca czasu ludzkości – prezent był jak najbardziej odpowiedni, gdyż pod koniec przyjdzie mi spędzać wiele godzin w łóżku. Telewizja będzie jednym z moich ostatnich ogniw łączących mnie ze światem zewnętrznym.

Są dni, kiedy Jai mówi mi coś, a ja nie wiem, co odpowiedzieć. Ostatnio wyznała: „Nie potrafię sobie wyobrazić, że przekręcam się w łóżku, a ty nie leżysz obok mnie". Albo: „Nie potrafię sobie wyobrazić, że zabieram dzieci na wakacje, a ciebie nie ma z nami". Albo: „Randy, zawsze wszystko planowałeś. Kto będzie się tym zajmował?".

Nie martwię się. Jai poradzi sobie z tym doskonale.

***

Naprawdę nie miałem pojęcia, co mam zrobić czy powiedzieć, kiedy już widownia odśpiewa Jai „Happy Birthday". Ale

gdy dałem jej znak, by weszła na scenę, i kiedy zbliżyła się do mnie, musiałem ulec naturalnemu odruchowi. Ona też, jak sądzę. Objęliśmy się i pocałowaliśmy, najpierw w usta, a potem dotknąłem wargami jej policzka. Aplauz tłumu nie cichł ani na chwilę. Słyszeliśmy to, ale wydawało się nam, że jesteśmy gdzieś daleko.

Kiedy trzymaliśmy się w ramionach, Jai szepnęła mi do ucha: „Proszę, nie umieraj".

Brzmi to jak hollywoodzki dialog. Ale tak właśnie powiedziała. Objąłem ją jeszcze mocniej.

61

Marzenia powrócą do ciebie

Martwiłem się przez wiele dni, że nie zdołam przebrnąć przez ostatnie zdania swojego wykładu, nie zacinając się i nie krztusząc. Opracowałem więc plan awaryjny. Umieściłem kilka ostatnich zdań przemowy na czterech slajdach. Gdybym w jakimś momencie nie mógł zmusić się do wypowiedzenia słów, to po prostu wyświetlałbym kolejne slajdy, a potem powiedział: „Dziękuję, że dziś przyszliście".

Stałem na scenie ponad godzinę. Z powodu ubocznych skutków chemioterapii, bólu nóg i emocji naprawdę czułem się wyczerpany.

Jednocześnie czułem głęboki spokój i spełnienie. Moje życie zatoczyło pełny krąg. Pierwszą listę marzeń sporządziłem w wieku ośmiu lat. Teraz, trzydzieści osiem lat później, ta sama lista pomogła mi powiedzieć to, co musiałem powiedzieć, i przebrnąć przez tę próbę.

Wielu ludzi cierpiących na raka twierdzi, że dzięki chorobie zaczęli na nowo i głębiej doceniać życie. Niektórzy utrzymują nawet, że odczuwają wdzięczność. Nie traktuję w ten sposób swojego nowotworu, choć jestem z pewnością zadowolony, że zostałem dość wcześnie powiadomiony o terminie śmierci. Prócz tego, że mogłem przygotować rodzinę z myślą o przyszłości, miałem też szansę pojechać do Carnegie Mellon i wygłosić ostatni wykład. W pewnym sensie ten czas pozwolił mi „ustąpić pola na własnych warunkach".

Nie mówiąc już o tym, że dzięki liście dziecięcych marzeń mogłem zrealizować tak wiele celów. Czy mógłbym bez niej podziękować wszystkim ludziom, którzy zasługują na moją wdzięczność? Ostatecznie pozwoliła mi pożegnać się z tymi, którzy tyle dla mnie znaczą.

I coś jeszcze. Jako człowiek zajmujący się głównie techniką nigdy nie rozumiałem do końca artystów i aktorów, których znałem i uczyłem przez te wszystkie lata. Mówili czasem o tym, co w nich tkwi i co „pragnie się ujawnić". Wydawało mi się, że pochlebiają sobie. Teraz wiem, że powinienem wykazywać więcej zrozumienia. Ta godzina, którą spędziłem na scenie, coś mi dała (przynajmniej wciąż się uczyłem!). We mnie też tkwiło coś, co pragnąłem za wszelką cenę ujawnić. Nie wygłosiłem tego wykładu tylko dlatego, że chciałem. Zrobiłem to, ponieważ musiałem.

Wiedziałem również, że ostatnie zdania będą dla mnie niezwykle wzruszające. Dlatego że chciałem w nich zawrzeć to, co czuję u kresu życia.

Zbliżając się do końca wykładu, poświęciłem minutę na przypomnienie najważniejszych jego punktów. A potem zaproponowałem podsumowanie, ale wzbogacone o pewien element; zaskakujące zakończenie, jeśli wolicie.

„A więc mówiłem dzisiaj o spełnieniu dziecięcych marzeń" – powiedziałem. – „Zauważyliście, na czym polegał trik głową?".

Umilkłem. W sali panowała cisza.

„Rzecz nie polega na tym, jak spełnić marzenia. Rzecz polega na tym, jak pokierować swoim życiem. Jeśli zrobicie to w sposób właściwy, karma sama dokona reszty. Wasze marzenia się spełnią".

Wyświetliłem kolejny slajd i w tym momencie wielki ekran wypełniło pytanie: „Zauważyliście, na czym polegał drugi trik głową?".

Wziąłem głęboki oddech. Postanowiłem mówić trochę szybciej niż dotychczas. Może jeśli zwiększę tempo – pomyślałem – uda mi się dotrwać do końca. Powtórzyłem głośno słowa widniejące na ekranie.

„Czy zauważyliście drugi trik głową?".

A potem im powiedziałem: ten wykład nie był przeznaczony wyłącznie dla obecnych na sali. „Był przeznaczony dla moich dzieci".

Wyświetliłem ostatni slajd, zdjęcie, na którym stoję obok naszej huśtawki; na prawym ręku trzymam uśmiechniętego Logana, na lewym słodką Chloe, a Dylan siedzi mi uszczęśliwiony na barkach.

Podziękowania

Pragnę gorąco podziękować osobom takim, jak Bob Miller, David Black i Gary Morris. Szczególne wyrazy wdzięczności należą się naszemu redaktorowi, Willowi Balliettowi, za jego nieustającą dobroć i uczciwość, a także Jeffreyowi Zasłowowi za jego niewiarygodny talent i profesjonalizm.

***

Nazwiska wszystkich ludzi, którym muszę podziękować, nie zmieściłyby się na tej stronie. Na szczęście istnieją też strony internetowe: proszę, byście odwiedzili www.thelastlecture.com, jeśli chcecie poznać wszystkich, którym jestem wdzięczny i którzy przyczynili się do powstania tej książki. Możecie tam także obejrzeć nagranie „ostatniego wykładu".

***

Kres mojemu życiu położy rak trzustki. Dwie organizacje, z którymi współpracowałem, a które są oddane walce z tą chorobą, to:

- The Pancreatic Cancer Action Network
  (www.pancan.org)
- The Lustgarten Foundation
  (www.lustgarten.org)

Zaprawiona humorem wzruszająca powieść o miłości, przemijaniu i wierze w lepszą przyszłość. Akcja toczy się w miasteczku Elmwood Springs. Główną bohaterką jest Elner, niezależna starsza pani, której wieku nikt nie zna – łącznie z nią samą.

Pewnego dnia Elner łamie zakaz swojej nerwowej siostrzenicy Normy i wchodzi na drabinę, żeby nazrywać fig. Wskutek upadku traci przytomność i zostaje odwieziona do szpitala. Nikt nie wie, co właściwie ją tam spotyka. Może umiera, a może przeżywa najbardziej nieprawdopodobną przygodę w życiu. Elner jedzie windą do nieba, gdzie spotyka swoją siostrę, a także odbywa miłą pogawędkę z dawną przyjaciółką, Sąsiadką Dorothy, i jej mężem. W tym czasie jej bliscy, Norma i Macky Warrenowie, odchodzą od zmysłów. Gdy ze szpitala wycieka wiadomość o śmierci starszej pani, sąsiedzi rozpoczynają przygotowania do pogrzebu. Ruby, która wraz z Tot postanowiła doprowadzić do porządku dom Elner, znajduje w koszu na pranie rewolwer...

Czas akcji: rok 1946 aż do czasów współczesnych. Miejsce: Elmwood Springs w Missouri, w samym środku kraju, w najradośniejszym okresie przejścia od czasów wojny do pokoju, w marszu ku oszałamiającej przyszłości.

Oprócz Sąsiadki Dorothy, której uśmiechnięty głos codziennie informuje nas przez lokalną rozgłośnię o miejscowych wydarzeniach, spotykamy też jej dziesięcioletniego syna Bobby'ego, który ma przeżyć tysiąc wcieleń, głównie w swojej wyobraźni; również Normę i Macky'ego Warrenów z dziewięćdziesięcioczteroletnią ciocią Elner; dziwnie charyzmatycznego i seksownego Hamma Sparksa, który zaczyna karierę jako sprzedawca traktorów, a kończy oferując na sprzedaż całemu stanowi, a nawet krajowi, siebie samego; a także dwie kobiety, które kochają go zupełnie odmienną miłością. Spotkamy też tu Tot Whooten, pracującą w salonie piękności pechową fryzjerkę, która równie kiepsko układa sobie życie, jak klientkom włosy; Beatrice Woods, Niewidomą Ptaszynę; Cecila Figgsa, Króla Pogrzebów; i niezrównaną Minnie Oatman, główną wokalistkę w Oatman Family Gospel Singers.

Rozgrywająca się na Fire Island przy Long Island powieść jest uroczą, wzruszającą i wciągającą historią o siostrzanych uczuciach, przyjaźni, miłości, stracie i dojrzewaniu.

Opowieść o trójce wakacyjnych przyjaciół – Riley i Alice, dwudziestokilkuletnich siostrach, i ich rówieśniku Paulu, z którym dorastały – mówi o wydarzeniach pewnego lata, kiedy rodząca się miłość, seksualna ciekawość, nagła poważna choroba i głęboki sekret gwałtownie przenoszą troje młodych ludzi w świat dorosłych, w którym wakacyjna oaza już nie będzie ich chroniła.

Wspaniała opowieść o życiu naprawdę razem!

Lori Lansens

SIOSTRY

Siostry **Lori Lansens, opowieść o niemal dwudziestodziewięcioletnich siostrach syjamskich, jest wyrazistym opisem znaczenia w życiu wzajemnych związków oraz o dystansie, jakiego nie potrafi przezwyciężyć nawet niezwykła fizyczna bliskość.**

Opowieść jest prowadzona z perspektywy obu sióstr, choć pierwszoplanową narratorką jest Rose. To ona postanowiła napisać autobiografię, po tym jak się okazało, że wraz z siostrą są najdłużej żyjącymi siostrami syjamskimi. To Rose przoduje intelektualnie w tym związku; to Rose chciała studiować, ale nie mogła bez zgody siostry. To tylko jeden z kompromisów, jakie siostry czynią każdego dnia. Lori Lansens tworzy odrębne opowieści każdej z kobiet, czasami przywołuje te same momenty, widziane i odbierane różnie przez jedną i drugą siostrę, czasem po to, by podkreślić ich psychiczną więź, a czasem, by podkreślić różnice w interpretacji tych samych zdarzeń. Siostry, które są ze sobą tak blisko związane, nie zawsze znają się tak dobrze, jak im się wydaje. Ta powieść to coś więcej niż tylko historia o życiu dwóch bliźniaczek – to powieść o poszukiwaniu wspólnych więzów w zwyczajnym życiu.

Fragmenty Wielkiego Sekretu odnajdywano na przestrzeni dziejów w przekazach ustnych, w literaturze, w religiach i systemach filozoficznych. Po raz pierwszy wszystkie jego elementy zostały zebrane w tej niewiarygodnej książce, której lektura może mieć fundamentalne znacznie dla wszystkich jej czytelników.

Dowiesz się z niej, jak wykorzystywać Sekret w każdym aspekcie swojego życia – gdy chodzi o pieniądze, zdrowie, związki uczuciowe, szczęście, czy jakikolwiek przejaw komunikacji ze światem. Zaczniesz pojmować ukrytą, niewykorzystaną siłę, którą masz w sobie, a jej ujawnienie wypełni radością każdy dzień twojego istnienia. Sekret zawiera mądrość współczesnych nauczycieli – mężczyzn i kobiet, którzy posługiwali się nim i posługują nadal, by osiągnąć zdrowie, bogactwo i szczęście. Stosując wiedzę Sekretu, ujawniają niezwykłe historie zwycięstwa nad chorobą, zdobycia ogromnego bogactwa, pokonania przeszkód i osiągnięcia tego, co wielu uznałoby za niemożliwe. Masz w swych dłoniach Wielki Sekret...